全国技工院校市场营销专业任务驱动型教材（高级技能层级）

全国高等职业学校市场营销专业教材

CUXIAO JIQIAO

促销技巧

主　编：金　焕　林萌菲

主　审：尤维芳

中国劳动社会保障出版社

图书在版编目（CIP）数据

促销技巧/金焕，林萌菲主编. -- 北京：中国劳动社会保障出版社，2019

全国技工院校市场营销专业任务驱动型教材. 高级技能层级　全国高等职业学校市场营销专业教材

ISBN 978-7-5167-4144-3

Ⅰ. ①促…　Ⅱ. ①金…②林…　Ⅲ. ①促销-高等职业教育-教材　Ⅳ. ①F713. 3

中国版本图书馆 CIP 数据核字（2019）第 163463 号

中国劳动社会保障出版社出版发行

（北京市惠新东街 1 号　邮政编码：100029）

*

辽宁虎驰科技传媒有限公司印刷装订　新华书店经销

787 毫米×1092 毫米　16 开本　6. 75 印张　124 千字

2019 年 9 月第 1 版　2025 年 12 月第 3 次印刷

定价：14. 00 元

读者服务部电话：（010）64929211/84209101/64921644

营销中心电话：（010）64962347

出版社网址：http://www.class.com.cn

http://jg.class.com.cn

简介

本书为国家级职业教育规划教材，适用于全国技工院校市场营销专业（高级技能层级）和全国高等职业学校市场营销专业，由人力资源社会保障部教材办公室组织编写。

本书从市场营销专业人员必备的促销基础知识入手，讲解了促销的类型、流程和技巧等相关知识，主要内容包括优惠券促销、折扣促销、积分促销、赠品促销、竞赛促销、团购网站促销、微博促销、微信促销和整合促销等。本书在编写的过程中注重对实例的分析，将理论知识和实践内容有机结合，帮助学生更好地理解和掌握所学知识。

本书配有电子课件，可通过职业教育教学资源和数字学习中心（http://zyjy.class.com.cn）免费下载。

本书由金焕、林萌菲任主编，高倩倩、刘二涛、刘玉玲、萧琳参加编写，尤维芳任主审。

目 录 CONTENTS

项目 1　促销基础知识 …… 1
项目 2　优惠券促销 …… 8
项目 3　折扣促销 …… 20
项目 4　积分促销 …… 30
项目 5　赠品促销 …… 38
项目 6　竞赛促销 …… 44
项目 7　团购网站促销 …… 52
项目 8　微博促销 …… 62
项目 9　微信促销 …… 75
项目 10　整合促销 …… 88

项目 1　促销基础知识

知识目标

- 了解促销的概念
- 明确促销的作用
- 掌握促销的类型

随着经济的发展和科学技术的进步，消费市场越来越繁荣，企业竞争激烈，产品供应充足，消费者对产品的要求越来越高，这些因素使企业与消费者之间的沟通变得越来越重要。企业需要更多地运用促销手段使广大消费者认识和了解自己，引导消费者购买本企业的产品，从而使企业获得更高的知名度以及占领更广阔的市场。

一、促销的概念

促销是企业向消费者传递企业及其产品信息，说服或吸引消费者购买其产品，以扩大销售为目的的营销活动。促销是市场营销的一种基本策略，本质上是一种沟通活动，即营销者（信息提供者或发送者）发出用于刺激消费的各种信息，把信息传递到一个或更多的目标对象（信息接收者，如听众、观众、读者等消费者或用户），以影响其态度和行为的活动。

二、促销的作用

1. 传递产品预售信息

在产品正式进入市场之前，企业需要及时向消费者传递产品预售信息，通过信息的传递，使消费者知道或了解产品，吸引他们的注意并对该产品产生好感，从而为企业成功销售产品创造前提条件。企业在此阶段运用促销手段，旨在提供短程激励，激发消费者对新产品的购买热情，培养消费者对产品的兴趣和使用习惯。

2. 激励消费者初次购买

消费者一般对新产品持有怀疑或抗拒心理。由于新产品的初次购买成本有时会比使用原产品成本高（消费者一旦对新产品不满意，还要重新购买原产品，所以许多消费者在心理上认为购买新产品的代价较高），导致消费者不愿意尝试新产品。企业可以通过促销活动降低消费者的初次购买成本，使消费者愿意去接受新产品。

3. 鼓励消费者多次购买

除了初次购买，促销手段还会对消费者的重复购买产生影响。消费者使用产品后，会对产品进行满意度评价，如果评价结果是满意或基本满意，将产生重复购买或重复使用的意愿。但这种消费意愿在评价初期一定是不强烈或不确定的，只有企业适时地推出促销活动，才可以使这部分消费者的购买行为变得积极主动，从而将他们发展成企业的固定消费群体。

4. 增强市场竞争力

企业无论是为了抢占新市场，还是为了巩固已有市场，促销都是有效的手段。企业抢占市场时可以运用促销手段强化市场渗透，加速占领目标市场；企业巩固已有市场时也可以运用促销手段达到阻止竞争对手进入的目的。

在促销过程中，企业应注意宣传本企业产品与竞争对手产品的不同，以及能给消费者带来的特殊利益，使消费者充分了解产品特色，激发他们的购买欲望，进而扩大产品销售，提高企业的市场竞争能力。

5. 收集反馈信息

企业通过促销活动，除了可以使更多的消费者了解、熟悉和信任本企业的产品，还可以获取消费者对促销活动的反馈信息，根据信息及时调整经营策略，使产品更加适销对路。

6. 带动相关产品销售

促销的首要目标是完成所促销产品的销售任务，但是，在这些产品的促销过程中，通常能够带动其相关产品的销售。例如，促销羽毛球拍时可以带动羽毛球的销售等。

总之，企业只有针对消费者的心理动机，实施灵活有效的促销策略，才能引导或刺激消费者某一方面的需求，提高产品的销售数量，利用促销活动来创造新需求、发现新市场，从而使竞争形势朝着有利于企业的方向发展。

三、促销的类型

促销涉及的内容很广，分类标准很多，以促销手段对于网络的依赖程度划分，可将其分为传统促销和新媒体促销。在实际工作中，企业还经常将几种促销手段结合运用，即通过整合促销来开展促销活动。

1. 传统促销

传统促销是指运用线下促销手段（全部或绝大部分促销活动在网下进行），使消费者能够用低于正常水平的价格购买到某种产品或服务，从而鼓励和诱导消费者购买、增加购买量或重复购买的促销模式。传统促销一般基于消费者心理分析，采用特定方法营造给予消费者优惠的氛围。传统促销的主要类型见表 1—1。

表 1—1　传统促销的主要类型

类型	说明
优惠券促销	企业给持有优惠券的消费者以某种特殊权利的优待，使其在凭券消费时获得产品价格或服务方面的优惠
折扣促销	企业按照一定比例调低产品售价，通过降低产品利润使消费者获得价格优惠
积分促销	企业利用积分服务向会员开展特定活动，消费者可凭日常消费所积累的积分点数免费兑换产品或服务
赠品促销	企业在消费者购买产品时以另外赠送有价产品或服务的方式直接提高产品价值
竞赛促销	企业邀请并引导消费者参加与产品销售、经营活动有关的竞赛活动，让消费者发挥自己的聪明才智，去解决或完成某一预先设定的问题，企业根据竞赛成绩从参赛消费者中评选出优胜者，并给予相应的奖励

2. 新媒体促销

新媒体促销是指基于特定产品的概念诉求与问题分析，运用线上促销手段（全部或绝大部分促销活动在网上进行），对消费者进行针对性心理引导的促销模式。从本质上来说，新媒体促销是企业软性渗透商业策略在新媒体上的实现，通常借助于新媒体平台，如团购网站、微博、微信等，采用媒体表达与舆论传播的方式使消费者认同某种概念、观点和分析思路，从而达到宣传企业品牌、促进产品销售的目的。新媒体促销的主要类型见表 1—2。

表 1—2　新媒体促销的主要类型

类型	说明
团购网站促销	企业利用团购网站发布优惠信息聚集人气来促销产品或服务，通常以线上消费、线下使用的方式进行
微博促销	企业利用官方微博更新内容与消费者（用户）交流，针对消费者感兴趣的话题展开讨论，或通过官方微博发布相关产品或服务信息等
微信促销	企业利用微信公众平台、后台消息推送等与消费者（用户）互动，在向消费者提供所需信息的同时，进行产品推广、品牌宣传等活动

3. 整合促销

整合促销是一种综合促销模式，它把几种促销手段有机结合后进行合理运用，需要企业营销部门通过计划、组织、协调、控制等一系列工作来完成。

在实施整合促销时，企业可以在以某一促销活动为主的基础上整合其他促销方式。

例如，商场店庆促销活动以折扣促销为主、其他促销方式为辅，如微信宣传、到店抽奖、免费赠品等，提高消费者的购物积极性。

另外，企业可以将所有产品都加入促销活动，形成规模效应。每一种促销方式的背后都有其强烈的目的性，整合每一种促销方式的优势，根据产品特点以及消费者心理分析，将产品及服务以效益最大化的方式推广到消费者中去。

四、促销活动一般流程

1. 确定促销活动目标

企业在开展促销活动时，首先应确定促销活动目标，为促销计划的制订、促销创意的实施、促销过程的控制、促销效果的评估提供指导和指明方向。确定促销活动目标应以企业营销总体目标为依据，综合考虑市场状况、产品特征、目标市场等情况。对于企业来说，常见的促销活动目标包括提升企业知名度、新产品上市推广、扩大市场份额、清理库存等。

2. 进行市场调查

开展促销活动前应做好全面的市场调查。市场调查一般着重调查三个方面：市场促销环境、竞争对手的促销策略和活动方案、消费者心理和行为。促销活动市场调查方法主要包括直接调查法和间接调查法。直接调查法主要通过实地观察统计、调查问卷、直接访问等方法收集第一手资料，如获取目标市场消费者消费偏好、品牌竞争力指数等资料。间接调查法主要通过查阅文献、调查报告等方法收集第二手资料，如竞争对手的促销策略和活动方案、相关产品的消费者购买行为报告等。市场调查最终要形成书面调查报告，以便为策划促销活动创意、编写促销活动方案等提供依据。

3. 策划促销活动创意

好的创意是促销活动成功的一半，可见创意对促销活动的重要性。企业应在市场促销环境、竞争对手促销活动方案、消费者心理和行为研究的基础上，策划出具有针对性，能够引起消费者兴趣，激发消费者购买冲动，且便于操作的促销活动创意。

成功的促销活动通常能抓住新、奇、特、简这四个特点，达到让消费者为之惊叹且心甘情愿购买的效果。例如，宝洁公司利用美国收视率最高的电视节目——“超级碗”比赛开展创意促销，让旗下的洗涤品牌汰渍在众多竞争品牌中脱颖而出，成为消费者关注的焦点。在 2017 年“超级碗”比赛半场休息时，福克斯体育评论员特里·布莱德肖（Terry Bradshaw）的衣服被弄上了一大块油污，事情发生几秒钟后，就在社交媒体上引发了热门话题讨论“#Bradshaw Stain”（#布莱德肖油污）。然而，出人意料的是，在下一个广告休息时段，宝洁的“超级碗”广告由布莱德肖出镜，画面中他尽力想要洗掉衣服上的油污，使用了多种方法都不见效，最后多亏汰渍洗衣液的超强去污力，衣服重又亮丽如新。这个充满创意的广告使汰渍洗涤产品的家庭渗透率达到了新高，此次促销活动的效果是使汰渍洗涤产品销售额增长了22%。

4. 编写促销活动方案

促销活动方案又称促销活动策划书，是实施促销活动的指导性文件，促销活动必须严格按照促销活动方案执行。促销活动方案一般包括促销活动目标，促销活动主题，促销活动宣传口号或广告词，促销活动的时间、地点，促销活动内容，执行促销活动的人员，促销活动物资清单，促销活动经费预算，促销活动注意事项等内容。促销活动方案的编写要做到周全、详细、具体，以便于操作实施。

美容院母亲节促销方案

根据母亲节的节日特点，某美容院以“文化主导，情感唱戏，促进销售”的促销策略为指导，策划出母亲节促销活动方案。

一、促销活动目的

1. 提升美容院销售业绩，吸纳新客源。

2. 打造美容院的品牌形象和知名度（美誉度），提升客户忠诚度。

二、促销活动背景

无论何时，节日促销都是美容院不能忽视的商机。具有浓厚的情感内涵是母亲节最大的特点，它强调的是母爱的伟大与温情。在这种背景下，如何把握好商机，打造美容院的品牌形象，提升美容院的销售业绩，完全取决于美容院对于促销活动的精心策划和周密布置。此次促销活动就是要通过活动内容和活动对象创新，避开“价格比拼”和“客源争抢”的恶性竞争，给予消费者新鲜感，刺激其消费欲望。

三、促销活动创意策划

活动主题：感恩的心，用实际行动表达对母亲的爱意

目标对象：①23~45岁，具有一定的购买能力和品位，对美容健身有一定了解的消费者；②原有会员。

四、促销活动

活动时间：2019年5月5—10日

活动（一）：“情系母亲，礼表爱意”特惠活动

活动期间，所有消费者可在美容院购买“美丽心礼”特惠套餐（价值￥999元），赠送给自己的母亲，以此充分表达自己的爱意，感谢母亲对自己的养育之恩；针对美容院原有会员做同步宣传（亲人共享活动优惠）。

活动（二）：“对母亲的爱，要勇敢说出来”

活动期间，凡购买特惠套餐的消费者和美容院原有会员均可在美容院领取亲情卡一张，写下自己要对母亲表达的话，贴在美容院门口的心形板上，让大家一起来见证每个

人对自己母亲的心意，让亲情不再难以表达。

活动（三）："情意无价，爱母亲有奖"最佳亲情表达评选活动

5月5—10日（9：00前），所有女性朋友均可领取最佳亲情表达评选券一张，评选出自己心目中最佳亲情表达的各个奖项，所有参加评选的女性朋友均可获赠美容院送出的体验券一张（或100元代金券），同时可以参加抽奖活动，获取精美奖品。

5月10日17：00，在美容院现场揭晓评选结果，评选出"最动人表达奖""最有创意表达奖""最佳人气表达奖""最朴实表达奖""最幽默表达奖"五个奖项，所有获奖者均可获赠价值588元的美容体验卡。同时抽出参加评选的中奖者若干名（奖项及奖品由美容院自定）。

五、促销活动宣传

1. 宣传重点时间：活动前五天。

2. 宣传手段：①派单（主题：致子女的一封信）；②悬挂横幅（活动主题）；③海报张贴或展架展示（活动内容说明）；④夹报；⑤向美容院会员宣传。

六、促销活动总结评估

1. 促销活动的宣传效果。宣传是否具有感染力，能否提出最合理、最浪漫、最体贴的理由，以此打动目标客户；是否针对美容院原有会员进行了全面、细致的宣传，使他们积极参与到促销活动中来。

2. 促销活动的销售目标。是否实现了销售额增加的目标，分解给各美容师（美容顾问）的相应任务指标能否完成。

3. 品牌知名度提升效果。美容院店内是否进行适当布置，营造节日促销氛围，刺激消费者的购买欲望；是否为客户提供热情周到的服务，在客户中赢得良好的口碑。

5. 试验与改进促销活动方案

在实施促销活动方案前，如果实际情况允许，应对促销活动方案进行试验，以减少正式实施失败的风险。一般而言，对促销活动方案进行试验有两种途径：一是选择一个区域性市场进行试运行，如果达到预期效果，就快速在其他区域推广实施；二是在企业内部对促销活动方案进行论证，邀请行业和企业专家，如营销经理、一线市场调研人员等，对促销活动各个方面的问题进行讨论，论证其可行性。完成以上工作后，对促销活动方案加以改进，从而确定正式的促销活动方案。

6. 实施促销活动方案

在促销活动方案实施阶段，企业需要结合人力、物力和财力，针对自身品牌所面对的目标市场及消费群体特点，进行促销活动宣传。做好对消费者的宣传工作，同时严格按照促销活动方案和活动预算执行。促销活动负责人的主要职责是监督、指挥、协调和沟通，以确保促销活动方案顺利而有效地实施。

7. 评价促销活动效果

在促销活动过程中（活动时间长）或完成后，负责促销活动的人员要对本次促销活动进行总结评价，主要包括以下几个方面的内容。

（1）消费者对促销活动的反应

消费者对促销活动的反应体现在消费者参与人数、购买量、重复购买率、购买量的增幅等，可以通过现场记录或销售数据进行统计分析。

（2）参与活动的消费者结构

参与活动的消费者结构主要是指新老客户的比例，可以通过企业会员数据进行统计分析。

（3）消费者意见

消费者意见包括消费者的参与动机、态度、要求和评价等，可以通过调查问卷等形式进行统计分析。

（4）促销活动预算的执行情况

促销活动预算的执行情况包括促销活动成本、促销活动所耗费的人力和物力等，可以通过全面的财务数据进行统计分析。

综合上述几个方面的统计分析，可以基本掌握消费者对促销活动的反应，客观评价促销活动的效果，然后将促销活动评价总结形成完整的书面报告，为下次开展促销活动提供支持。

项目 2　优惠券促销

知识目标

➢ 明确优惠券促销的类型

➢ 掌握优惠券促销的流程

➢ 了解优惠券促销的技巧

优惠券是常见的促销工具之一，它通常被看作是直接降价的替代品。一般而言，直接降价促销会使消费者的心理价格随之降低，而采用优惠券促销则能有效地保持产品在消费者心目中原有的价位印象。同时，具备一定发放门槛的优惠券还能使消费者获得独享优惠的心理满足感，进一步提高这些消费者的品牌忠诚度。

一、优惠券促销类型

1. 折扣券促销

折扣券一般是指载有一定折扣比例的促销券证。采用折扣券促销意味着消费行为发生时，消费者可以凭折扣券在产品公开价格的基础上，按折扣券规定比例折扣计价，购买相应产品或享受相应服务。如图 2—1 所示，消费者购买指定产品时，凭券可在产品公开价格的基础上享受 50%的折扣。

图 2—1　折扣券

2. 代金券促销

代金券也称现金券，一般是指载有一定面值抵用金额的促销券证。采用代金券促销时，企业会设置一定的使用条件或使用范围，且声明不可使用代金券兑换现金或换取找零等。如图 2—2 所示，消费者购买商品时凭券可以抵扣 100 元现金。

图 2—2　代金券

3. 体验券促销

体验券一般是指载有一定面值，消费者可用其免费体验部分服务的促销券证。企业采用体验券促销主要是为了使消费者在体验部分免费服务后，对企业的产品或服务产生好感，为吸引其进一步消费创造条件。如图 2—3 所示，消费者凭券可以享受价值 100 元的免费美容服务。

图 2—3　体验券

4. 礼品券促销

礼品券一般是指由企业提供的，消费者可以按要求直接持券领取指定礼品的促销券证。礼品券促销一般在企业之间进行，可以视作企业之间的互利行为。发券企业旨在通过促销活动提升自身销售产品的能力，购券企业则为了能以更优惠的价格为职工提供福利。如图 2—4 所示，消费者可在有效期内凭券免费领取 4.7 L 大豆油一桶。

图 2—4　礼品券

5. 特价券促销

特价券一般是指载有一定面值，消费者可以持券购买企业某款特价商品的促销券证。如图 2—5 所示为某电影院为消费者提供的观影特价券，消费者凭券可以以低于市场价的价格观看指定影片。

图 2—5　特价券

6. 换购券促销

换购券一般是指消费者可持券换购指定商品的促销券证。换购促销时，企业一般要求消费者在指定的换购商品中选择一款，补上相应的换购价，然后才能获得换购商品。如图 2—6 所示，消费者凭券另付 4 元可获得香煎手抓饼一份。

图 2—6　换购券

二、优惠券促销流程

1. 确定优惠券促销活动目标

在进行优惠券促销活动时，应首先确定优惠活动目标，并据此设计优惠券，从而达到预期的促销效果。一般来说，优惠券促销活动的目标主要包括以下几个方面。

（1）向老客户宣传促销信息，鼓励其再次惠顾。

（2）吸引新客户体验促销活动，扩大企业的消费群体。

（3）加强新产品宣传，确保新产品顺利进入目标市场。

（4）扩大或维持产品的市场占有率，巩固市场地位。

（5）配合节事活动，提高企业的销售额。

（6）增加消费者对企业的好感，建立企业品牌，树立企业形象。

2. 设计优惠券

设计优惠券时，需要注意版式的编排和内容的组织。优惠券券面应简洁明了，能够吸引消费者，重点是提供一些基本信息，如使用方法、有效期限、使用范围及相关说明等。

现以某优惠券（见图 2—7）为例，具体说明优惠券内容的组织。

（1）使用方法

使用方法是指使用该优惠券时应满足的条件，包括优惠券面值、使用规则、领取方式等。如该优惠券的使用方法为“50 元云券订单金额满 998 元使用，100 元云券订单金额满1 998元使用”。

（2）有效期限

有效期限是指使用该优惠券的期限，包括领券时间、用券时间等。如该优惠券的有效期限为“领券时间为 2019. 5. 17—5. 26，用券时间为 2019. 5. 21—5. 26”。

（3）使用范围

使用范围是指使用该优惠券可以购买的商品。如该优惠券的使用范围为“除抢购、团购产品及少数特殊商品外，云券可购买网站其他任何直营空调商品”。

（4）相关说明

相关说明是指对使用该优惠券时的其他情况进行补充说明。如该优惠券的相关说明为“单笔订单只可使用一张云券”。

图 2—7　优惠券

3. 选择优惠券形式

目前，优惠券的形式主要有纸质优惠券和电子优惠券两种。

（1）纸质优惠券

纸质优惠券为传统优惠券形式，常用规格有两种：一种为 90 mm×50 mm，这种优惠券为一张名片大小，便于存放，消费者可置于钱包内，随时取用，如图 2—8 所示；

图 2—8　90 mm×50 mm 纸质优惠券

另一种为 180 mm×54 mm，这种优惠券为两张名片大小，企业可在券面印刷企业 LOGO、宣传语或促销广告，使优惠券在促销的同时兼具广告功能，如图 2—9 所示。

图 2—9　180 mm×54 mm 纸质优惠券

此外，有些企业还会定制 162 mm×90 mm、180 mm×108 mm 等规格的优惠券，这两种优惠券规格较大，多用于大型活动（如演唱会赠券）。

企业在使用纸质优惠券促销时，应注意防伪问题，防止优惠券被仿冒给企业带来财物损失。优惠券防伪有很多方式可以选择，如采用布纹铜版纸四色叠印，因其制作工艺复杂，成本较高，不容易被仿冒；或是采用二维码防伪技术，将所有优惠券数据直接存储到企业数据库里，当使用优惠券时，店员通过扫描二维码验明真伪。

（2）电子优惠券

电子优惠券是指通过各种电子媒体制作、传播和使用的促销券证，常见的有电子折扣券、电子代金券等。随着互联网和信息技术的迅猛发展，电子优惠券已经逐步取代纸质优惠券，成为优惠券的主要形式。电子优惠券的发放渠道主要有手机下载和终端机打印两种。

1）手机下载优惠券。手机下载优惠券（以下简称手机优惠券）主要是指以图片形式存储在手机上的无纸化电子文件，通常由三部分内容组成：第一部分为企业产品服务信息，包括企业名称，产品的名称、类别、型号、价格以及优惠期限等；第二部分为促销产品图片；第三部分则为持券人信息，包括优惠卡号、类型、折扣率及防伪验证信息二维码。这些内容组合成二维码彩信形式的手机优惠券发送到用户手机上，取代传统的纸质优惠券。使用手机优惠券购物时，消费者只需打开存储在手机中的二维码图片并出示给店员，或交付给店员做相应扫描，认证有效后就能得到与实物卡一样的消费折扣。手机优惠券如图 2—10 所示。

手机优惠券还有一种是以手机短信形式发送的，消费者需通过打开短信中的链接自行领取优惠券，如图 2—11 所示。

图 2—10　图片形式手机优惠券

【大众点评】您有一张{10元外卖专享券}即将过期，可享无门槛立减10元，立即使用>>> dpurl.cn/nrd/12611 回复TD退订

16:14

图 2—11　短信形式手机优惠券

2）终端机打印纸质优惠券。终端机打印纸质优惠券是优惠券需要使用专用扫描仪扫描并打印，然后将其作为打折或优惠凭证出示给店员。这种优惠券的使用范围已经逐步缩减。

4. 确定优惠券发放方式

优惠券的发放方式主要有以下几种，企业在使用优惠券促销时可以选择一种或几种发放方式。

（1）定点发送

定点发送是指先确定目标消费群体，再有针对性地在指定地点发送优惠券的方式。这种方式的优点是能够保证优惠券的送达率，缺点是成本较高。例如，超市通过上门派送、街头拦送等方式将优惠券送到消费者手中，由于发送对象是经过选择的，通常是超市周边的消费者，因此针对性较强、兑换率较高，促销效果明显。

（2）卖场分发

对于超市等连锁卖场而言，优惠券是一种见效极快的促销方式。在销售产品的卖场分发，消费者可以有针对性地浏览和选择，并快速做出购买决策，所以这种发放方式的针对性较强，优惠券的兑换率也较高。

（3）附于产品包装

附于产品包装的优惠券主要为了增加老客户的重复购买，这种方式能够给忠实的消费者以回报，对于新客户的效果并不明显。附于产品包装的优惠券一般比普通优惠券的价值要高，因此只有购买产品才能获得，而且此种优惠券一般不通过其他方式发放。

（4）即买即赠

即买即赠优惠券和附于产品包装的优惠券类似，都是消费者需要购买产品才能获得，不同之处在于附于产品包装的优惠券由消费者自主获取，而即买即赠优惠券则由促销人员直接派送给消费者。

（5）在报纸或杂志上刊登

以广告形式在覆盖目标消费群体的报纸或杂志上刊登优惠券，消费者从报纸或杂志上剪下优惠券即可使用。这种发放方式能够将优惠券有针对性地送达目标消费群体，具有良好的广告作用。

（6）夹带

企业将印好的优惠券随同报纸或杂志一同送达消费者手中。这是一种利用报纸或杂志的发售渠道而又不需要支付广告费用派送优惠券的方式，特点是成本低、普及率高。

（7）网站发布

网络购物的发展及电子优惠券的普及，使越来越多的企业选择在网站上发布优惠券。这种优惠券通过网上店铺（自营或者第三方平台）发布，由消费者点击领取。消费者在购买相关产品时，网络账户会提示可以使用该优惠券完成支付。

（8）新媒体发送

企业通过新媒体如微信、微博等定时发放购物优惠券（又称购物红包），消费者领取后，可用于购买指定产品。

5. 实施优惠券促销活动方案

优惠券促销活动的主题，优惠券的内容、形式以及发放方式等都策划和安排好后，就可以进入优惠券促销活动方案实施阶段。实施活动方案时要对发放优惠券的人员进行合理安排。

6. 评价优惠券促销活动效果

优惠券促销活动结束后，要对本次活动效果进行评价，如通过比较促销活动前、促销活动期间和促销活动后产品销售量的变化来进行测评。如果优惠券发放和使用期间的销售情况同促销活动前、后基本一致，就说明本次促销活动的影响力不足，主要原因可能是优惠幅度不够、优惠券发放不到位、使用优惠券能购买的产品缺乏吸引力等。相反，如果优惠券促销活动期间销售量有明显的增加，且促销活动结束后销售量不减，则说明本次优惠券促销活动效果明显。

同时，要将优惠券使用率列入评估范围，如果出现优惠券实际使用率不高，如一共发出 5 000 张优惠券，实际到店消费 1 600 张，使用率仅为 32%，这时就要检查促销活动过程，特别是优惠券发放环节，是否出现渠道不畅通、发放不到位的情况，或是存在消费者需求不足等问题。

三、优惠券促销时机

产品的生命周期是指产品从投入市场到退出市场所经历的全过程，一般分为导入期、成长期、成熟期、衰退期四个阶段。优惠券促销时机主要依据产品的生命周期而定。

1. 导入期

新产品上市时的促销重点是促进尝试性购买，企业可以使用体验券促销，邀请消费者对新产品进行体验，从而达到事半功倍的效果。优惠券促销的最佳时机是新产品上市一个月以后，即铺货率约为 50%时进行。

2. 成长期

并非所有产品都能在成功上市后马上进入快速成长期，一些不能进一步成长的产品，会大量滞留在店铺中，占用店铺大量的资源。此时，企业需要进一步把握促销时机，可尝试使用体验券和代金券等促销，将消费者的尝试性购买转化为重复性购买。

3. 成熟期

根据产品成熟期旺销的特点，继续巩固既有的重度消费群体。此时，企业可以尝试使用特价券和换购券等促销，吸引随机性消费者和边缘性消费者，弥补非重度消费群体流失带来的损失，以保证产品销售能在较高的水平上稳定运行。

4. 衰退期

在衰退期，企业如果急速将产品做下架处理，不仅不能为企业赚取最后的边际利润，还会累积大量库存，这些库存产品难以被有效消化，导致企业蒙受损失。此时，采用礼品券、特价券等促销形式，可以对产品库存进行消化，回收边际利润。

四、优惠券促销技巧

1. 合理设定优惠幅度

优惠券的券面价值是影响优惠券使用的最主要因素之一。券面价值太低容易被忽视，而太高又容易导致使用率低，因为高券面价值的优惠券意味着产品的高价格，反而会降低消费者的购买欲望。企业应根据促销活动目标，结合产品价格，制定合理的优惠幅度。

例如，对于日用品而言，产品单价较低，可以采用大包装形式，用券面价值较高的折扣券来吸引消费者；对于选购品而言，产品单价较高，可以用较低的折扣券，但在优惠券设计上要突出产品质量来打动消费者。另外，优惠券券面价值不宜过高，以维持合理的折扣率为宜。单一品牌产品优惠券价值不应超过产品本身价值，产品在区域内的铺货率超过50%时，才可以采用优惠券促销。

2. 合理限定使用时间和使用范围

优惠券使用时间和使用范围对促销活动影响很大。

在限定优惠券使用时间时，企业要合理控制，有效期太长或太短，都会降低使用率。同时还要考虑促销活动的延续性，如果是一次性提供的促销活动，在促销力度上要更强；如果是持续较长时间的促销活动，在促销品类上要更广泛。

在限定优惠券使用范围时，一方面要考虑消费群体的覆盖范围，一般而言，覆盖范围越广，受益消费者人数越多；另一方面要考虑产品的覆盖范围，尽量做到多品类或多品牌联合促销，在一定程度上提高促销影响力。例如，单品牌产品优惠券与多品牌产品优惠券对企业和消费者的影响力大有不同。单品牌产品优惠券用于单个品牌或单一产品的优惠促销。多品牌产品优惠券则用于联合了企业的众多品牌产品或多家企业产品的优惠促销，这不仅会增加宣传渠道和影响力，也会降低总成本，尤其强强联合时，促销效果加倍。

3. 合理设置优惠券使用限制

不加限制地让所有人都可以随意地领取优惠券，会让领取者感觉自己所获得的优惠券是可有可无的，对他们的消费起不到太多刺激作用。因此，只有企业具体规定了优惠券的使用限制，如在优惠券上标明消费满额多少可以抵用等，才能确保促销效果。同时，消费者更喜欢简单明了的通用型优惠券，如果同一张优惠券能让其在几种不同类型的产品间随意选购，会提高使用率。

企业在设计优惠券使用限制时，往往要考虑消费者的需求。对于高档消费品，企业可以适当提高优惠券使用限制，使消费者获得一定的优越感；对于低档消费品，企业反而可以适当降低优惠券使用限制，增加消费者的使用率。例如，2017年“11·11”促销活动，天猫运用多品类多品牌跨店满即送的促销活动形式，最终斩获1 682亿元成交额，创下历史新纪录。

五、优惠券促销案例

某美容养生会所在某大型社区底商开设了分店。为了宣传新店和促销，该美容养生会所决定在社区广泛派送优惠券（见图 2—12），让社区内的潜在消费者尝试“98 元的美容新体验”。

图 2—12　美容体验券

1. 确定活动目标

（1）向周边消费者告知新店开业信息。

（2）通过本次优惠券促销活动形成一定的客户群。

2. 设计优惠券内容

（1）使用方法

凡持优惠券的消费者只需花费 98 元，即可体验价值分别为 280 元和 380 元的面部芳香美容护理和背部芳香美容护理各一次。

（2）限制范围

优惠券仅限在该社区刚开业的美容养生会所分店使用，对其他地区该会所的分店无效。

（3）有效期限

2018 年 9 月 1 日至 2018 年 12 月 1 日。

（4）相关说明

附美容养生会所简介及分店开业公告。

3. 选择优惠券形式

为了更有效地发放优惠券，本次促销活动采用纸质优惠券。

4. 确定优惠券发放方式

（1）为加强与目标消费者的直接交流，可由工作人员直接派送，在社区内主要道路节点处设点赠送。

（2）为提高发送效率和扩大发送范围，可经社区物业同意，工作人员分次将优惠券投递到社区内各住户的信箱内。

（3）通过开展社区公益活动，增加社区居民对企业背景和服务项目的宣传。

（4）开展“体验消费、幸运抽奖”等活动，提高消费者参与的兴趣，并有针对性地发放优惠券。

5. 评价活动效果

（1）在促销的三个月当中共发放优惠券 4 000 余张，其中，有 120 人使用优惠券进行了消费，有 18 名消费者成为本店的会员。

（2）此次促销活动基本成功，达到了向周边消费者告知新店开业信息和形成一定客户群的目的。

（3）98 元体验价为消费者体验设置一道门槛，限制了部分只求低价的消费者的消费行为，也使部分潜在消费者持静观待购的态度。

【实训 1】

4~6 人为一组，利用报纸、杂志或网络搜集几家企业同类产品或服务的优惠券。以小组为单位，讨论这些优惠券的类型、发布时机、图片设计、促销效果等，比较哪一种优惠券更具优势和吸引力，完成表 2—1 的填写。

表 2—1 优惠券评价表

优惠券	评价	评价结论
优惠券的类型		
发布时机		
图片设计		
促销效果		
……		

【实训 2】

“11 · 11”现已成为许多销售企业促销的重要日子，从线上的天猫、京东、当当，到线下的各个百货商店，很多销售企业都在充分利用这一时间点进行促销。现假定你是一家电器销售企业的市场部经理，请按要求完成以下工作。

1. 针对企业产品特点设计“11 · 11”促销活动优惠券。

2. 设计三份优惠券促销活动方案，并选出一份在班级进行展示和说明。

项目3　折扣促销

知识目标

- 明确折扣促销的类型
- 掌握折扣促销的流程
- 了解折扣促销的技巧

折扣促销就是通常所说的打折，即通过折扣让消费者在购物中直接获得价格优惠，因其最适于与竞争品牌进行价格抗衡而被很多企业运用。然而，过多的折扣促销也会造成消费者的反感，或使消费者对企业产品定价策略产生怀疑，因此只能适度运用。

一、折扣促销类型

1. 价格折扣促销

价格折扣促销是指企业按产品的公开价格直接给予消费者一定数量折扣的促销方式。开展价格折扣促销活动时，要注意不能虚构原价，如果只针对部分产品进行价格折扣，就不能宣传“全场打折”。另外，促销活动结束后，应及时取下折扣标识，以免发生不必要的纠纷。价格折扣促销如图3—1所示。

图3—1　价格折扣促销

2. 数量折扣促销

数量折扣促销又称批量作价促销，是企业对大量购买产品的消费者给予降价优惠的一种促销方式。开展数量折扣促销活动时，一般购买量越多，价格折扣力度也越大，以鼓励消费者增加购买量或向一家企业集中购买，甚至是提前购买。尽管数量折扣促销会使产品价格下降、单位产品利润减少，但产品销售量的增加、销售速度的加快，使企业资金的周转次数增加、流通费用下降、产品成本降低，从而使企业总盈利提高，对企业来说利大于弊。数量折扣促销如图 3—2 所示。

图 3—2　数量折扣促销

3. 有效期折扣促销

有效期折扣促销是指企业根据促销活动时间的长短，或产品本身有效期的长短来制定不同折扣幅度的一种促销方式。例如，鸡蛋、牛奶等食品可按距离过保质期的时间长短来确定折扣力度。

4. 限量折扣促销

限量折扣促销是指企业对提供价格优惠的产品限定数量，以营造供给有限氛围的一种促销方式。这种方式是利用消费者求廉又害怕错过促销机会的心理，刺激消费者尽早做出购买决定。限量折扣促销如图 3—3 所示。

企业在运用折扣促销手段时，不论采用何种折扣形式，都应注意保证折扣产品的充足供给。如果出现折扣产品短缺的情况，会给专程来购买产品的消费者以极坏的印象，从而影响企业形象。一些企业在实际促销活动的开展过程中，会将折扣促销与优惠券促销叠加使用（见图 3—4），从而取得更好的促销效果。

图 3—3　限量折扣促销

图 3—4　折扣促销与优惠券促销叠加使用

二、折扣促销流程

1. 确定折扣促销活动目标

（1）向新老客户传递折扣促销活动信息。

（2）巩固并维护与老客户的关系，促进重复购买。

（3）吸引新客户，扩大客户群。

（4）提高企业品牌知名度。

在确定折扣促销目标的同时，要确定折扣促销的幅度，只有折扣幅度在合理范围内，才能保证企业的利益以及对消费者的吸引力。

2. 设计折扣促销活动主题

折扣促销活动的主题是打动消费者的关键，一定要贴近目标消费者的利益，吸引他们的注意力。活动主题要简洁、显著、富有创意，并且朗朗上口，反映活动的核心思想；活动主题还要充分利用时事热点，如春节、教师节、奥运会等，要有一定的新闻价值，能够在一定程度上引起社会舆论的关注。

如图3—5所示，某品牌企业在其新车上市之际，开展了“打折送金蛋，快乐抢多赚”的系列促销活动，吸引消费者到店，促进消费者购车。

图3—5　折扣促销活动

3. 营造折扣促销活动氛围

首先，通过商品陈列营造促销活动氛围。商品陈列不仅是一门艺术，更是一门科学。合理地陈列商品可以起到展示商品、刺激销售、方便购买、节约空间、美化购物环境等多种作用。有数据表明，店面如果能正确运用商品的配置和陈列技术，销售额可在原有基础上提高10%。

陈列折扣商品时，一是要生动化，突出折扣力度，营造卖场气氛；二是要规范统一，给人以专业的感觉；三是要分类对比陈列，方便消费者寻找和购买。如图3—6所示为某超市门店商品陈列样式，该陈列样式既营造出全店开展折扣促销活动的氛围，又凸显了不同商品的分类，方便了消费者进行选购。

其次，通过终端建设营造促销活动氛围。据调查，65%的消费者受商品终端形象的影响而产生购买转移行为。终端建设分为常规终端建设和耐用终端建设两种。其中，常规终端建设一般利用海报、纸架等POP（卖点广告）分别针对核心门店、重点门店、

图 3—6　折扣促销活动陈列样式

一般门店进行策略性包装，如图 3—7 所示；耐用终端建设是将各类别门店的门面、背景墙、灯箱和专柜等区域进行形象包装。

图 3—7　耐用终端建设

最后，通过促销人员的组织和管理营造促销氛围。促销人员的组织和管理也称为软终端建设，就是调动一切可利用的终端一线人员（如派发员、导购员和营业员等）的力量专注于消费者的终端拦截。具体可以从三个方面加强对促销人员的组织和管理：一是仪容仪表方面，促销人员应保持端庄、大方的发型，洁净、清爽的手面部，穿着统一、干净、合体的制服等；二是行为举止方面，促销人员应有良好的仪态，举止文明大方，切忌弯腰驼背、耸肩、晃动身体、摆弄东西等；三是待客礼仪方面，良好的待客礼仪能够带给消费者更好的服务体验，在短时间内提高消费者的满意度。如图 3—8 所示为促销人员为消费者提供服务。

图 3—8　促销人员为消费者提供服务

4. 确定折扣促销活动信息发送方式

折扣促销活动要想取得良好的效果，可以选择电视广告、报纸、传单、海报、店内广播、门店显示屏、短信、网络媒体等方式进行宣传，应结合区域市场特点以及活动的实际投入力度来制定最有效的媒体宣传组合策略，将促销信息传达给目标消费者。如图 3—9 所示为通过短信方式告知消费者折扣促销活动信息。

5. 评价折扣促销活动效果

对折扣促销活动效果的评价，同样可以采用对促销活动前、促销活动期间和促销活动后商品的销售量变化进行比较的方法。当折扣促销活动的目标是提升商品销售额时，可以通过两种方法来计算销售量总额，一种是从用户角度来计算，通过将客流量、转化率、客单价和复购率相乘来计算；另一种是从进销存角度来计算，通过将 SKU（库存量单位）总量、动销率、库存周转率和商品均价相乘来计算。当折扣促销活动的目标是提高企业知名度时，可以通过顾客满意度调查或委托第三方机构对活动前后企业品牌排名进行调研，从而评估本次折扣促销活动的效果。

三、折扣促销时机

一般而言，企业应该根据产品性质的不同选择合适的时机进行折扣促销。产品进行折扣促销的时机一般有节假日、换季期、新品上市和周年店庆等。

1. 节假日

心理学中有一个概念叫“促销易感性”，其定义是“一种人类心理上对促销整体反应的倾向性”，用来形容消费者对促销活动的热衷程度。高促销易感性消费者看到促销

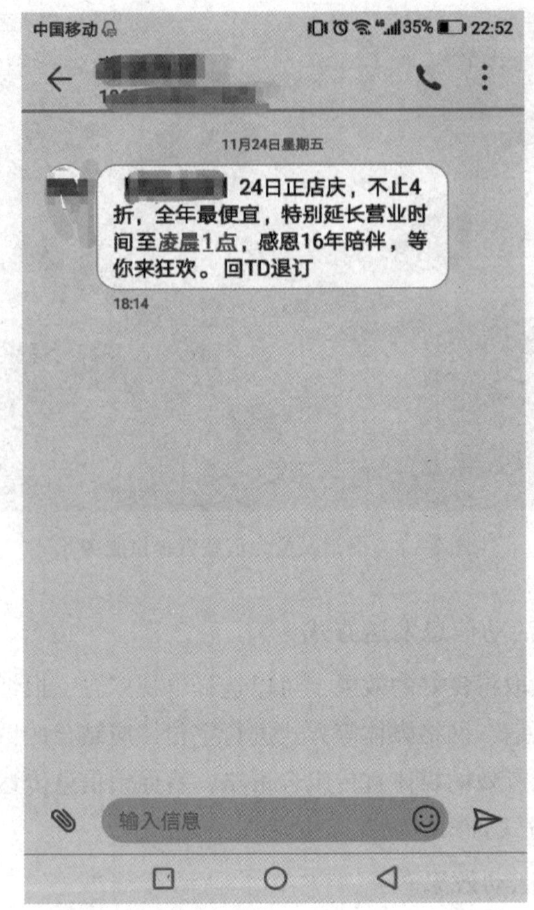

图 3—9　短信告知折扣促销活动信息

活动会很兴奋，对“打折”商品有较高的关注度，而且经常冲动消费，甚至购买并不需要的商品。节假日折扣促销活动就是企业抓住消费者的这种心理，使产品销售量在短期内迅速提升。

由于节假日已经变成一个约定俗成的折扣促销活动时间，很多消费者会提前将大型家用电器等商品列入自己的购物清单，然后耐心等到节假日再去采购，企业可以利用这样的时机充分发挥折扣促销的作用。

2. 换季期

换季期是指从一个季节转换到另一个季节的过渡。企业在季节交替之际通过折扣促销活动吸引消费者，对应季产品进行降价销售，一般能避免应季产品等囤货过多，起到提升产品销售量的作用。换季折扣促销活动特别适用于服装类商品，因为服装如果囤货过多，占用的资金会比较大，所以通过换季折扣促销活动可以降低企业换季前此类商品所产生的库存积压风险。

不同地区的季节变化时间是不同的，企业要根据所在地区的实际情况做出调整，而且要根据企业自身资金流来决定换季产品的数量和档次。

3. 新品上市

新产品上市之初，消费者大多持观望态度，所以企业以传统销售方式将产品投入市场未必能打动消费者。利用新品上市时机开展折扣促销活动，可以促使消费者踏出购买的这一步，通过自身对产品的体验，更深刻地体会新旧产品的对比，让消费者对新产品有更深入的了解。

与广告相比，新品上市折扣促销对消费者的利益诱惑来得更直接、更具体，且以一种短兵相接的方式对抗竞争品牌，可以直接带来销售量的增长。

4. 周年店庆

周年店庆是指企业以店庆名义开展折扣促销活动，加强与新老客户的联系，在回馈消费者的同时，营造店庆热烈的氛围，扩大商品销售量，提高企业知名度。

企业在进行周年店庆折扣促销活动的过程中，应当以庆祝为中心，把每一项具体活动都尽可能地组织得热烈、欢快而隆重，不论是宣传页的设计，还是店面的布置，都要体现出红火、热闹、欢庆的气氛，所设置的商品折扣幅度应具有足够的吸引力，使消费者在感受喜庆气氛的同时愿意做出购买决策。

四、折扣促销技巧

1. 折扣幅度的选择技巧

一般来说，开展折扣促销活动时，折扣幅度至少要达到10%~20%，才能吸引消费者购买。但对于市场占有率低的产品，通常要比领导品牌产品让出更高的折扣幅度，才能提升销售量。此外，新品牌运用折扣促销的成效优于旧品牌，即新品牌的产品可以用较少的折扣获取较多的销售量。

在折扣数量和折扣幅度设置方面也要做到合理搭配，通常小数量、大折扣的效果会比大数量、小折扣的效果更好。但有研究显示，当折扣幅度只有6%~7%时，无论品牌名气、数量多寡，对新客户几乎不会有什么效果，只能吸引某些老客户的注意。

2. 折扣商品的选择技巧

在选择何种商品参与折扣促销活动上，主要应考虑商品特性、商品所在区域、目标消费群体等因素。考虑商品特性时，日用品一般选择销售量最佳的商品做折扣促销，以吸引消费者加大购买量，而选购品一般以低价商品做折扣促销，以吸引消费者进店选购。考虑商品所在区域时，不同区域对商品的需求有所区别，如羽绒服在南方地区进行折扣促销受欢迎的程度一般，而在北方地区则大受欢迎。考虑目标消费群体，如折扣促销活动对年轻人的吸引力就没有对家庭主妇的吸引力大。因此，需要因地制宜、“因人而异”，全面考虑各种因素，确定折扣商品。

五、折扣促销案例

A 企业是一家从事钻石镶嵌产品制造的公司，在行业内勉强排进第三梯队，前有大品牌强势逼人，后有小品牌冲击价格底线。为了抢占更多的市场份额，A 企业制定了一系列的促销活动计划，第一轮活动从 2018 年 9 月 10 日起，提前三周启动国庆节折扣促销活动。

1. 确定活动目标

（1）宣传推广“BLINGBLING”系列新产品，并带动原有产品销售。

（2）通过本次折扣促销活动，让消费者对 A 企业旗下品牌形成一定的认知度，提升企业在行业内的排名。

本次折扣促销仅限于“BLINGBLING”系列新产品，不适用于其他产品，折扣幅度为 10%。

2. 设计活动主题

活动主题：“BLINGBLING，我最闪耀”。

3. 营造活动氛围

铺货时间为三个月，销售台布置由各地经销商根据商场实际情况安排，但要求“BLINGBLING”系列新产品在消费者进店后就能进入他们的视线。

4. 确定活动宣传方式

该活动宣传的快讯商品广告（DM）和 X 展架由 A 企业统一制作配发。

5. 评价活动效果

从活动过程来看，该折扣促销活动有新品、有折扣、有支持，符合折扣促销活动的原则。促销活动期间，“BLINGBLING”系列新产品销售量屡创新高，达到了本次促销活动的预期目标。

实训活动

【实训 1】

4~6 人为一组，利用报纸、杂志或网络搜集一家企业（一种商品或服务）的折扣促销活动方案，以小组为单位，讨论方案中涉及的折扣促销方式、宣传方式、活动流程、注意事项等内容，总结优缺点，完成表 3—1 的填写。

表 3—1　　折扣促销活动方案评价表

方案内容	评价	优缺点总结
折扣促销方式		
宣传方式		
活动流程		
注意事项		
设计特点		
……		

【实训 2】

随着电子商务的发展，对于线下企业来说，传统的折扣促销活动已经不能满足消费者的需求。现假定你是某家传统服装企业的市场部经理，请按要求完成以下工作。

1. 针对企业产品特点及市场背景设计有效的折扣促销活动方案。

2. 设计一份折扣促销活动的宣传页或 POP 广告。

3. 设计三份折扣促销活动方案，并选出一份在班级进行展示和说明。

项目 4　积分促销

知识目标

- 明确积分促销的类型
- 掌握积分促销的流程
- 了解积分促销的技巧

随着时代的发展，购买商品或服务获得积分在人们的生活中随处可见，如店铺消费积分、飞机里程积分等。将积分作为促销手段，在一定程度上比单纯折扣和会员制更科学、更先进，有助于创新服务模式、提高用户体验和增强消费者黏性，因而成为传统促销中被各大型企业长期运用的促销方式。

一、积分促销类型

1. 店铺积分促销

店铺主要分为实体店铺和网上店铺。实体店铺是在一定硬件设施（如营业场所）基础上建立起来的、地点相对固定的、以营利为目的的商业机构。网上店铺作为电子商务的一种形式，是指通过网络进行购买，并以快递的方式进行商品配送的虚拟店铺。

店铺积分促销是指消费者在店铺消费或参加活动可按积分规则获得相应积分，并可使用积分在店铺预先设定的范围内进行商品或礼品兑换，从而实现长期促销目的的促销方式。实体店铺积分促销和网上店铺积分促销分别如图 4—1 和图 4—2 所示。

2. 运营商积分促销

运营商主要是指提供网络服务的供应商，如我国的三大运营商（中国移动通信、中国联通和中国电信）。运营商积分促销主要是指消费者使用参加运营商推出的活动、日常充值或办理相关业务产生的积分，可在运营商的积分商城兑换实物或兑换实物时抵用部分现金的促销方式。我国的三大运营商一般都会推出积分促销活动，如图 4—3 所示为中国移动通信开展的积分兑换活动详情，消费者可以使用累计积分兑换手机话费或手机支付电子券。

3. 支付工具积分促销

支付工具积分是银行（第三方支付机构）给予支付工具使用者在消费方面（如刷

图4—1　实体店铺积分促销

图4—2　网上店铺积分促销

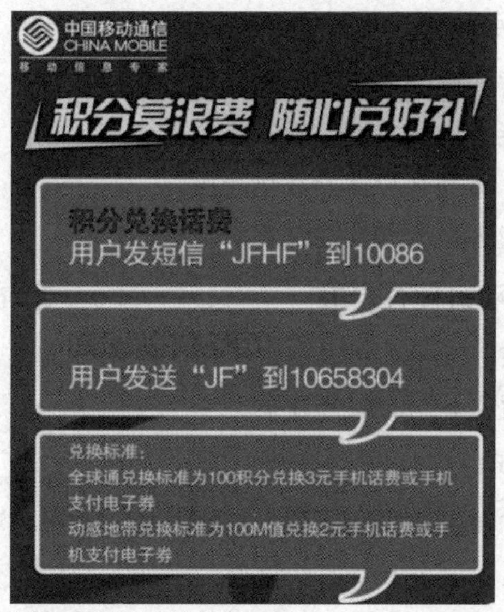

图4—3　中国移动通信积分兑换活动

信用卡购物）的鼓励回馈，支付工具使用者只要有消费并满足积分规则，银行（第三方支付机构）就会给予其相应的积分。支付工具积分促销是指支付工具使用者可以使用积分在银行卡积分商城（第三方支付机构平台）兑换商品，也可以使用积分在与银行（第三方支付机构）合作的商户消费并抵扣现金的促销方式。银行卡积分促销和支付宝积分促销分别如图 4—4 和图 4—5 所示。

图 4—4　银行卡积分促销

二、积分促销流程

1. 确定积分促销活动目标

（1）让消费者对品牌和商品形成一定的认知和信赖。

（2）巩固并维护与老客户的关系，促进重复购买。

（3）创新服务模式，提高客户体验和满意度。

（4）进一步细分企业客户，增加高端客户群。

2. 确定积分促销活动目标客户群

对企业客户进行分类，按照不同级别给予相应的积分优惠，可以根据交易额或交易频次对不同等级的客户指定不同的积分方案。

3. 设计积分促销活动方案

设计积分促销活动方案，主要设计积分兑换办法、会员独享权利等内容，根据不同企业自身的积分管理体系，由企业专门的兑换商品业务部门负责。实物兑换券积分由营销部门统一设计并做好防伪工作，要使促销活动方案真正发挥用积分维系和增加客户黏性的作用，并以此带动各门店的客流量或企业网站的点击率的提升，提高销售额。

在支付宝付款，集分宝可以当钱花哦！
支付宝

推荐
集分宝抵现
淘宝购物、还信用卡、缴水电煤
集分宝当钱花，100个抵1元
了解详情

集分宝换购
用“集分宝+钱”优惠购物
还能用全额集分宝兑换商品
立即换购

在支付宝付款，集分宝可以当钱花哦！
支付宝

图4—5　支付宝积分促销

4. 确定积分促销活动信息宣传方式

积分促销活动开始之前，可以通过不同媒体特别是新媒体对活动进行宣传，使用微信或者 App（手机应用软件）微刊推送相关活动，包括活动预告、主题推送、积分名单等。同时也要注重短信推送，在推送短信时，可以有针对性地对不同的客户群发送不同的短信，如对积分为 10 000 分以上的活跃会员进行活动告知，也可对所有积分满 5 000 分但近半年没有购物的会员推送积分有效期延长的信息等。同时，还要加强门店宣传，如制作活动展板并在店面明显处张贴活动广告及细则。

5. 评价积分促销活动效果

对于积分促销活动效果的评价，应将重点放在对客户关系的维护上，可以通过对现有客户数量、客户忠诚度、客户满意度等进行调研和分析，了解本次积分促销活动对客户的影响力和效果。同时，也可以通过对企业品牌知名度的提升来对积分促销活动进行评价，利用市场调研或第三方机构等的调研数据，了解活动后企业品牌在市场上的竞争力是否得到提高。

三、积分促销时机

1. 消费旺季

消费旺季到来前，企业先通过媒体宣传积分促销活动预热市场，引起消费者对于企业或产品的关注，为产品旺销季节的到来奠定基础，甚至达到提前启动旺季销售的效果。消费旺季开始后，企业可以通过积分返利吸引消费者，使他们的购买行为具有持续性。与此同时，企业要对参与积分促销活动的消费者进行数据收集和分析，了解企业品牌的成长状况和目标消费群体的消费习惯。消费旺季结束后，产品销售量下降，为了延长旺销时间，企业往往会开展折扣促销活动，同时对打折商品继续进行积分促销，以尽可能地消化库存，收回当年的边际利润。

2. 每年年底

年底是企业开展积分促销活动的重要时机，通过积分计划企业可以规定积分年底到期“清零”，再通过积分促销活动，使积分优惠价值提升，吸引消费者的注意力。

例如，南方航空公司一般会在每年的 12 月大范围推行半价兑换免费机票活动，尽管航线绝大部分是冷门航线，如广州出发飞往赣州、荔波、黎平等地的航线，但只需 3 000 积分即可兑换一张 800 公里以下短途航线经济舱的优惠活动，还是吸引了不少客户参与。

3. 竞品促销活动期

当主要竞争对手采用促销手段时，企业可通过积分优惠方式开展促销活动，从而更好地与对手竞争。例如，为了应对南方航空公司的年底积分兑换机票活动，海南航空公司宣布多条航线推出淡季积分超值兑换活动，包括北京飞往广州等地的热门航线，以商务舱和头等舱为主，使用积分后，票价相当于在原价位的基础上打 6~7 折，同时还提供积分兑换升舱活动，最低只要 1 750 积分就可以在短途航线上从经济舱升为商务舱。

四、积分促销技巧

1. 确定合理的积分制度

积分促销活动要想达到预期效果，首先要设置合理的积分获取渠道和方式，如充值 100 元手机话费可积一分；其次要对客户进行等级划分，满足企业对复杂积分制度的需要；最后要确保积分消耗渠道的多样化，如除了常见的积分兑换功能，还可以开发积分抽奖功能等。

2. 确保充足的库存量

实物类商品的积分促销活动期一般较长，容易出现断货现象，消费者多次兑换不到自己想要的商品时，就会对积分促销活动产生怀疑，因此，促销人员要定期核查库存，没有库存的商品要及时下架。

五、积分促销活动案例

中国移动通信为进行阶段性宣传，以“中国移动积分回馈优惠购机”为主题开展了以下积分促销活动。

1. 确定活动目标

（1）结合积分计划对中高端客户群开展积分换手机促销活动，提前占用客户现金流，绑定不稳定客户，拉动企业收入。

（2）充分利用包年套餐积分购机促销方案，增加高端客户群，争夺竞争对手大客户。

（3）提高规模效应、整合营销能力及提升执行力，为进入手机销售市场打下牢固基础。

2. 确定活动方案

根据不同价位的手机和不同的客户群积分底线采用四种购机方案，具体方案如下。

方案一

目标客户群：主要针对高端客户，并以企业付费客户为主，允许托收客户办理。

客户交纳较少的购机款（市场价的 10%）和较多的预存话费可获得一部手机。要求客户的积分底线达到一定值，需扣除大量积分。客户选择此方案需选择指定资费，并在一年内消费完毕。此方案适用于高端机型。

方案二

目标客户群：主要针对中端客户，以自费客户为主，侧重有购机需求、话费消费适中的客户。

客户交纳一部分购机款（市场价的 50%）和部分预存话费可获得一部手机。要求客户的积分底线达到一定值，需扣除较多积分。客户选择此方案需要选择指定资费，并在一年内消费完毕。此方案适用于中高端机型。

方案三

目标客户群：针对有购机需求和新入网、话费消费不高的客户。

客户交纳较多的购机款和较少话费可获得一部手机。无须积分底线要求，客户可保持原有资费和优惠，预存款不可退。此方案适用于任何机型。

方案四

目标客户群：针对中高端客户群，有一定积分且有购机需求的客户。

将客户当前可用积分按 5%的标准比例折算为购机款，剩余差价由客户补交，此外还需要交纳较少话费可获得一部手机。客户可保持原有资费和优惠，预存款不可退。此方案适用于任何机型。

3. 确定活动宣传推广方式

以“中国移动积分回馈优惠购机”为主题，通过中国移动通信官方网站首页进行广告宣传，并使用短信针对不同积分的会员推送对应的促销活动方案。

4. 评价活动效果

活动紧紧围绕目标客户群，全面启动，迅速传播，形成轰动效应，使活动知晓率高，增加了客户黏性。而且通过限制积分底线、交纳预存话费和不允许低端手机透支积分等方式最大限度规避了活动风险。

【实训 1】

4~6 人为一组，利用报纸、杂志或网络搜集一家运营商的积分促销活动方案，以小组为单位，讨论方案中涉及的主题、目标、客户群等内容，总结优缺点，完成表 4—1 的填写。

表 4—1　　积分促销活动方案评价表

方案内容	评价	优缺点总结
积分促销活动主题		
积分促销活动目的		
积分促销活动客户群		
……		

【实训 2】

积分促销活动让消费者通过多次购买或多次参加某些活动来增加积分以获得奖品，但并不是所有的商品和服务都适用于积分促销。现假定你是某大型商场的市场部经理，请按要求完成以下工作。

1. 针对企业特点设计积分使用规则。
2. 设计三份春节积分促销活动方案，并选出一份在班级进行展示和说明。

项目 5　赠品促销

知识目标

- 明确赠品促销的类型
- 掌握赠品促销的流程
- 了解赠品促销的技巧

赠品促销是指企业在一定时期内为扩大销售量或迫于市场压力，向购买本企业商品的消费者实施馈赠的促销行为。赠品促销是最古老，也是最有效、最广泛的促销手段之一。赠品促销多用于企业在一定营销状况下吸引消费者购买新商品、非畅销商品或刺激老客户重复购买。

一、赠品促销类型

1. 展柜专赠促销

展柜专赠促销一般是在终端店内设立专柜或单独展示台，由促销人员将准备好的赠品在消费者购物时分送给消费者，还有的将赠品贴附于商品上，方便消费者直接取拿。此类促销赠送的产品一般价值比较低，属于大众消费品，如超市对酸奶进行促销。

2. 积分赠送促销

为了更好地稳固客户，许多企业采用积分方式进行赠送促销，以精美的赠品来促进终端主推自己的产品。此类促销赠送的产品虽然费用高，但所要达到的目标十分明确，能给消费者留下深刻的印象。

3. 随附赠送促销

随附赠送促销一般用于关联商品的销售，如电饭煲常随附木勺赠品。随附一般要求商品和赠品包装在一起，以减少赠品遗失和被截留情况的发生。

二、赠品促销流程

1. 确定赠品促销活动目标

（1）通过赠品促销提高企业品牌知名度，增加重复购买率。

（2）在终端促销时采用赠品促销方式，短线速销，激励消费者提前消费和冲动消费，在保证销售量的同时，带动品牌成长。

（3）赠品促销可以起到传递新品信息，通过促销达到持续销售的目的。

2. 确定赠品促销活动主题

在开展赠品促销活动时，如果能挖掘出好的主题创意，具有故事性和传播性，则可对整体促销活动起到推动作用。例如，某乳业公司以“牛奶会有的，面包会有的”为主题开展的“买牛奶、送面包，营养早餐大派对”活动，就取得了很好的促销效果。原因在于面包和牛奶同属食品，而且还是共同食用的“最佳搭档”，相对于牛奶，面包因为有“主食形象”而使其价值感增强，每袋牛奶所附赠的一袋面包甚至超过了牛奶的价格，使消费者明显感受到企业的诚意，感觉得到了真正的实惠。

3. 选择并确定赠品类型

企业开展赠品促销活动时，主要有以下类型赠品可供选择，见表5—1。

表5—1 赠品类型

赠品类型	具体分类	说明	示例
实用型赠品	本产品	赠品与所销售的产品相同，但容量较小。赠送本产品实际是价格折让的一种表现形式	购买200 mL洗发水赠送20 mL同品牌旅行装洗发水
	同类产品	赠品与所销售的产品属于同一类别，满足消费者相类似的需求	购买洗衣液赠送衣物柔顺剂
	相关产品	赠品与所销售的产品具有关联性，在功能上具有补充性，或者产品出自同一企业，品牌一致	购买剃须刀时赠送剃须刀片
	无关产品	赠品与所销售的产品毫无关联性	购买空调赠送保鲜盒
趣味型赠品	相关产品	赠品能够满足消费者的趣味性需求，与所销售的产品具有关联性	购买学生用日记本赠送卡通贴纸
	无关产品	赠品能够满足消费者的趣味性需求，与所销售的产品毫无关联性	购买儿童奶粉赠送儿童玩具
复合型赠品	以实用为主的产品	赠品提供给消费者的核心利益是实用性，但附加利益具有一定的趣味性	裤子形状的笔袋
	以趣味为主的产品	赠品提供给消费者的核心利益是趣味性，但附加利益具有一定的实用性	配有钥匙扣的小毛绒玩具

要结合活动目标选择赠品类型，如果是为了短线速销，可以选择实用型赠品中的本产品、无关产品（高价值）；如果是为了达到持续销售的目的，三种类型的赠品及其具体产品都可以选择。

一般来说，企业希望赠品的成本较低，最好在主推产品的利润空间之内，而对于消费者来说，赠品的价值越大越有吸引力，要解决这个矛盾，企业就要尽量选择成本较低但价值感较强的产品作为赠品。另外，还要注意选择设计简单、方便使用的产品作为赠品，而不要选择需要长期售后服务的产品，以免给销售终端造成操作上的压力，更要避免赠品“喧宾夺主”。

4. 选择赠品促销活动形式

根据促销活动目标和促销产品所属类型，在展柜专赠、积分赠送和随附赠送等类型中进行选择，也可以两种促销类型并行使用。

5. 评价赠品促销活动效果

对赠品促销活动的效果评价可以从以下几个方面进行。

（1）消费者对赠品价值的认定

赠品是否满足消费者对实惠、实用或新奇等方面的要求。

（2）消费者对赠品获得难易程度的认定

赠品是否“即购即得”，如果消费者认为获得赠品很难，如获赠程序复杂、获赠门槛太高，都会令赠品促销活动效果大打折扣。

（3）消费者对赠品即时需求特征的认定

赠品是否能够满足消费者当下的需求，即赠品是否具有时令性。

（4）消费者对商品及赠品利益点认知程度的认定

如果消费者对商品利益认知程度高，企业应强调赠品利益点；如果消费者对商品利益认知程度低，企业应重点诉求商品利益点，赠品利益点只是一种辅助手段。

三、赠品促销技巧

1. 及时发布赠品促销信息

在开展赠品促销活动前，要认真分析目标消费群体，如其所处地域、购买习惯和兴趣偏好等，然后有针对性地选择合适的媒介渠道将促销地点、促销方式和促销主题等信息发布出去。

2. 合理运用赠品促销策略

在开展赠品促销活动时，企业需要注意相关策略的运用，应分析参与赠品促销活动消费者的心理，要设置悬念，制造紧张感。例如，在广告中告知消费者“本活动自今日起至×月××日止，赠品数量有限”，以此达到促进消费者实施购买行为的目的。

3. 注重赠品的陈列和展示

在开展赠品促销活动时，赠品陈列和展示需要精心设计。例如，赠品为摆放家庭日化用品的陈列架，企业应结合所销售的系列日化用品，将牙膏、香皂、洗发水和沐浴露等有序地摆放在该陈列架上，并用其他小赠品装饰美化，把陈列好的样品摆放或悬挂在醒目位置。

采用限量赠送时（特指在促销现场），在消费者视线可及范围内应只摆放少量赠品，尽量不要让消费者看到赠品堆积的场面，兑换台附近或角落可适当摆放一些盛装赠品的空箱子，对于普遍受到消费者欢迎的赠品要摆放得更少一些。

除以上问题外，开展赠品促销活动时还应注意两点：一是保证消费者在购买时能立即拿到赠品，二是所赠产品要具有很强的吸引力。

四、赠品促销案例

福临门食品有限公司（以下简称福临门公司）为了提高旗下食用油的销售量，有效地黏住老客户并吸引和拓展新客户，推出了以赠品优惠为主要手段的促销活动。

1. 确定活动目标

（1）扩大福临门食用油的知名度，提高重复购买率。

（2）宣传和促销并进，在保证销售量的同时，带动品牌成长。

2. 确定活动主题

（1）由于食用油的销售目标群体是大众消费者，而近年来大众消费者的健康意识越来越强，福临门公司针对这种情况，将本次活动主题定为“品质安全，幸福临门”，如图 5—1 所示。

图 5—1　福临门赠品促销活动主题

（2）对“品质安全，幸福临门”的主题进行深化，以“常用福临门，幸福全家人”“有家就有福临门”的温馨主题展开诉求，将其渗透到消费者特别是家庭主妇的消费观念中，为福临门公司塑造“幸福使者”的全新品牌形象。

3. 选择并确定赠品类型

滋润为全家操劳一年的双手：活动期间购买任意一款福临门食用油，即可获赠东洋之花绵羊奶护手霜（40 g）1 支。

4. 管理活动过程

（1）使相关工作人员熟悉活动内容和赠品发放办法，并严格按照规定执行。严禁在执行过程中出现“赠送偏差”，如出现多赠、少赠、不赠、私自挪用和截留等违规行为。

（2）促销人员必须经过全面培训，业务熟练，熟悉福临门食用油的产品特点；促销人员要具有较强的沟通和宣传能力，能准确地对外宣传有关信息；促销人员要具有较强的责任心，能够耐心地为消费者讲解活动内容，提供真诚服务。

（3）赠品促销现场的布置应合理，符合赠品促销活动的要求。

（4）消费者领取赠品时，需凭当日的购物小票，在指定的赠品领取处领取，同时填写“赠品领取表”。赠品发放人按照规定在购物小票正面使用黑色碳素笔书写“赠品已领”字样，并发放赠品。“赠品领取表”的以下信息必须据实填写：消费者姓名、联系方式、赠品数量、赠送时间、购物小票流水号码。

5. 评价活动效果

本次赠品促销活动既在物质方面给予消费者以实惠，又在精神上给予消费者以关爱，两者结合加深了消费者对福临门公司的印象，有效提升了福临门食用油产品的竞争力。

实训活动

【实训 1】

4~6 人为一组，利用报纸、杂志或网络搜集一家企业（一种商品或服务）的赠品促销活动方案，以小组为单位，讨论方案中涉及的活动时间、赠品选择、宣传方式、促销活动流程、促销活动效果等内容，总结优缺点，完成表 5—2 的填写。

表 5—2 **赠品优惠促销活动方案表**

方案内容	评价	优缺点总结
促销活动时间		
促销赠品选择		
促销活动宣传方式		
促销活动流程		
促销活动效果		

【实训2】

B公司是深圳一家丝袜生产企业，2018年进入H市，通过自营与代理的形式进行品牌经营。在进入2018年秋季销售月时，B公司准备开展一期赠品形式的市场促销活动，希望通过赠品促销的方式，在众多“新品折扣”的品牌之中走出一条既不影响产品利润与代理商所得，又能够在消费者中增加品牌亲和力的道路。现假定你是B公司的市场部经理，请按要求完成以下工作。

1. 针对B公司品牌特点设计赠品促销活动的主题，并说明理由。
2. 根据赠品促销活动主题选择促销赠品，并说明理由。
3. 设计两份赠品促销活动方案，并选出一份进行班级展示和说明。

项目6 竞赛促销

知识目标

- ➢ 明确竞赛促销的类型
- ➢ 掌握竞赛促销的流程
- ➢ 了解竞赛促销的技巧

竞赛促销是指利用消费者好胜、竞争、侥幸和追求刺激的心理所开展的促销活动，通常会设置一定的奖励，通过举办富有趣味和游戏色彩的竞赛和抽奖活动，吸引消费者参与，进而推动商品销售。

一般来说，当以购物凭证作为参赛的必要条件时，竞赛促销能直接推动商品销售；当不以购物凭证作为参赛的必要条件时，由于竞赛活动名称、内容或奖品往往与促销商品密切相关，而且参赛者众多，还经常通过大众传播媒介进行报道，同样能提高商品的知名度，传播商品蕴含的知识和优点，起到“广而告之”的作用，甚至比广告更能吸引消费者，间接推动商品销售。

一、竞赛促销类型

竞赛促销的类型繁多，凡是能够刺激公众竞技欲望的活动，都是竞赛促销活动的原型。在实际运用中，常见的竞赛促销类型主要有以下几种。

1. 征答竞赛促销

征答竞赛促销是指活动主办单位要求参赛者根据促销商品广告或使用说明书填写答卷，评选后由主办单位对优胜者给予奖励的促销方式。

例如，某企业促销净水器，在特定时间段内进行“有奖征答”活动：“购买指定款净水器获得参赛权，按要求答对问卷的前30名消费者，每人获赠价值80元的保温杯。”消费者购买净水器时，促销人员会给其发一份广告宣传单，供填写答卷时参考，消费者现场提交答卷。评选结束后，企业将按时公布中奖者名单，并电话通知中奖者本人前来领奖。

2. 征集广告语竞赛促销

征集广告语竞赛促销是指活动主办单位要求参赛者为企业或促销商品写一句广告主

题词或口号，评选后由主办单位对优胜者给予奖励的促销方式。

例如，尚一网 2018 年为庆祝创网 10 周年，特面向全国策划推出广告语征集活动。最终，“一上网，尚一网”等广告语从 10 000 余条投稿中脱颖而出，成功获奖。

3. 征联竞赛促销

征联竞赛促销是指活动主办单位要求参赛者为企业预先提出的上联对出下联，评选后由主办单位对优胜者给予奖励的促销方式。例如，神州热水器厂曾推出亚运会火炬大征联活动。企业的上联是：“亚运燃圣火、圣火出神州、神州燃遍圣火”。短短 56 天中，收到国内外寄来的 103 万封应征信，应征下联达 800 多万条。最终，“寰宇爱和平、和平博世界、世界爱重和平”“社程重贤才、贤才匡社程、社程重在贤才”等下联并列夺冠。

上述征集广告语竞赛和征联竞赛的促销方式不要求参赛者提供购物凭证，所以在短时间内对直接促进商品销售的作用不大，其目的只是通过竞赛引起大众对促销商品的注意，提高商品知名度，树立企业品牌。

4. 作画竞赛促销

作画竞赛促销是指活动主办单位要求参赛者根据企业商品的广告主题画一幅漫画，评选后由主办单位对优胜者给予奖励的促销方式。例如，某品牌饮料开展竞赛促销活动，要求参赛者根据该品牌的广告主题词“透心凉”画一幅卡通漫画。

与作画竞赛促销类似的还有征文竞赛促销和诗歌竞赛促销等。

5. 游戏竞赛促销

游戏竞赛促销是指活动主办单位依据企业文化内涵或按照游戏规则，引导消费者完成游戏程序，最后根据参赛者的完成情况，给予相应奖金或奖品的促销方式。游戏竞赛方式有拼字游戏（游戏答案通常是企业名称、品牌名称或行业术语）、拼图游戏（游戏答案通常是企业商标、企业吉祥物或产品造型）、收集游戏（即积累包装袋内或贴在包装袋上的小卡片，利用它们完成某种图案，如企业商标的拼组）等。

6. 操作技能竞赛促销

操作技能竞赛促销是活动主办单位围绕企业产品，组织产品操作技能竞赛，实现宣传产品与品牌形象目的的促销方式。运用该促销方式时，企业可以精选较有吸引力的生活主题，充分开发日常生活模式的商务价值。例如，某品牌厨房电器为配合新商品上市开展厨艺竞赛活动，使新产品的推出受到关注。

二、竞赛促销流程

1. 确定竞赛促销活动目标

（1）通过竞赛促销活动推动新品上市，吸引目标消费者，进一步开拓市场。

（2）奖励老客户，巩固现有市场份额，起到抑制竞争对手的作用。

（3）开拓新的目标市场，扩大本企业客户群。

2. 确定竞赛促销活动信息发布方式

应选择适当途径发布竞赛启事，如柜台发送、街头散发、网上公布、专项投递等，选择时应充分考虑到潜在参赛者的生活习惯、消费习惯和地域分布等因素，用广告宣传单、海报及现场广播等方式扩大宣传，鼓励报名参加。

竞赛启事应包括竞赛主办方、竞赛承办方、竞赛时间、竞赛规则、竞赛内容、参赛对象、评选办法与奖品设置等。

3. 设计竞赛促销活动方案

设计竞赛促销方案，主要应包括以下内容。

（1）确定竞赛起止日期

明确竞赛的确切起止日期，消费者可以评估自身参与的可能性。竞赛时间一般会选择节假日期间，便于消费者参与，且能更好地烘托节假日气氛。

（2）拟订竞赛项目

竞赛项目应该结合活动目标拟订，要尽量与所推商品或节事活动相关，如图 6—1 所示即为商家在端午节推出的包粽子大赛。

图 6—1　竞赛促销活动

（3）参赛条件

结合不同的竞赛项目设置相应的参赛条件。例如，某商家在“六一”儿童节推出的“亲子爬行竞赛”，就设定了参赛者为9个月至2岁的婴幼儿，且须由一名家长陪同的参赛条件。

（4）评选办法

对于消费者而言，能否获得公平的竞赛环境是他们最关注的问题，因此竞赛促销活动方案中要明确竞赛评选办法。同时，竞赛促销活动方案还要包括有效证件要求，奖品等级、金额、形式及相关资料，中奖名单的公布时间、公布方式和颁奖办法等相关说明。

（5）费用预算

竞赛促销活动费用主要包括竞赛项目开发设计与宣传费用，奖品费用，竞赛现场用品、用具费用，竞赛活动场地使用费，有关工作人员工资、劳务费用等，应根据以上费用综合测算总费用。

4. 实施竞赛促销活动方案

根据竞赛促销活动方案成立工作小组，按照促销活动流程进行明确分工，精心组织竞赛活动，正确评价现场活动，活跃竞赛现场气氛，在竞赛活动后按时按规定公开竞赛答案，并对参赛者进行评选，为优胜者发放相应的奖品、奖金等。

5. 评价竞赛促销活动效果

面向广大消费者开展的竞赛活动，是否使他们通过活动开阔视野、学到知识、从中发现乐趣，在潜移默化中对主办单位产生好感。

三、竞赛促销技巧

1. 要注意帮助企业建立或强化品牌形象

在设计竞赛促销活动方案时，要考虑将企业、品牌等信息贯穿于活动过程中，使消费者在参与活动中增进对产品的了解。例如，消费者在为企业撰写广告语或在游戏中选择出正确的产品标志时，除了获得竞赛的乐趣外，还加强了自身对企业和产品的认知。此外，主办单位还要注重竞赛活动或问卷的设置，一份有趣的或有深度的问卷，能鼓励消费者用心去参与和思考，这样的竞赛内容将使促销产品脱颖而出。

2. 要加大活动宣传推广力度

由于参加竞赛活动需要消费者具备一定的知识和技能，且只限于特定对象，不像抽奖那样容易“不劳而获”，这就增加了竞赛促销活动的难度，因此活动参与率相对较低。这就要求企业加大宣传推广力度，使不参与活动的消费者也能知晓该活动，起到宣传品牌的作用。

3. 要满足消费者获得利益的心理

企业在组织竞赛促销活动时需要不断创新、别出心裁，激发消费者产生好奇或欲求一试的心理。一般来说，竞赛促销活动中的物质奖励能在一定程度上刺激消费者，吸引他们更加积极地参与到活动之中，从而加深对企业和产品的认知。

4. 要满足消费者自我表现的欲望和竞争求胜的心理

实现自我价值、展示自我才华是人类的内在需求。在竞赛中，消费者能自由地展示自己的智慧和能力，从中获得满足和欣慰，而如果能在竞赛活动中取得胜利，则更能使他们产生心理满足和自豪感，并在满足和自豪的同时对主办单位产生好感。

四、竞赛促销案例

滕州（义乌）真爱商城（以下简称真爱商城）是一个集市场与商场、批发与零售、商业与城市服务功能、有形市场与无形市场于一体的新一代复合式大型商业综合体。2014 年，为了配合真爱商城一期开业的宣传工作，该公司准备面向全国消费者，举办一次真爱商城宣传口号的有奖征集活动。

1. 确定活动目标

（1）通过在广大消费者中进行商城宣传口号征集活动，使消费者对真爱商城有更加深入的了解，并有效地将参赛者培养成为潜在客户。

（2）通过宣传口号征集活动造势，进一步扩大真爱商城的知名度和影响力，同时助力真爱商城一期的盛大开业。

2. 确定活动主题

真爱商城宣传口号征集。

3. 制定活动宣传方式

（1）设计宣传海报（见图 6—2），并在全市各大主要商圈张贴宣传。

（2）通过网络平台、电视和报纸等媒介进行宣传。

4. 实施活动方案

（1）活动时间：2014 年 8 月 1 日—9 月 30 日。

（2）活动对象：以滕州市民为主体的全国消费者。

（3）活动内容：以真爱商城的经营理念为宗旨，诠释出具有时代气息，反映真爱商城风貌、诚信服务、贡献社会的企业精神。宣传口号征集要求如下。

1）能充分反映真爱商城的特色，特点鲜明，时代气息浓郁，艺术表现力和感染力强。

2）创意独特，文字精练，内涵深厚，朗朗上口，便于传播，字数要求在 16 字

图 6—2　宣传海报

以内。

3）应征作品（包括作品的创作素材）应为参赛者本人的原创作品，此前未以任何形式发表过，也未以任何方式为消费者所知，不得侵犯他人著作权、商标权、专利权或其他合法权利，否则由此产生的法律责任由参赛者本人承担。

（4）提交要求：

1）参赛者的个人资料。

2）参赛者凭有效身份证证件参与活动，每人限参加活动一次。

3）参赛者须将宣传口号释义填写完整。

4）为了撰写出更加精彩的宣传口号，参赛者须进入真爱商城官网详细了解真爱商城相关资料并下载“宣传口号征集表”。

（5）提交方式：

1）投稿作品请发送至真爱商城宣传口号征集邮箱。

2）投稿作品可直接交送至真爱商城招商中心策划部。

（6）明确评选方式：

宣传口号征集活动完成后，滕州真爱商城将组织人员对所有作品进行评选，引入网络评选方式，确定六条入围作品并从中评选出一条“入选主题宣传口号”，最终确定为真爱商城的主题宣传口号。

（7）制定奖励办法：

评选结束后，将在《滕州日报》及真爱商城官方网站公布评选结果，并对有关参赛者进行奖励。具体奖励办法见表 6—1。

表 6—1　　奖励办法

奖金	人数
“入选主题宣传口号”，每条奖励创作人 10 000 元人民币	1 名
“入围主题宣传口号”，每条奖励创作人 1 000 元人民币	5 名
“优秀主题宣传口号”，每条奖励创作人精美纪念礼品一份	10 名

（8）活动费用预算：

1）活动奖励费用 2 0000 元。

2）活动宣传费用 5 000 元。

费用合计：250 000 元。

5. 评价活动效果

宣传口号征集活动的开展吸引了大量消费者的注意，使他们在活动前、活动中、活动后持续关注真爱商城，为真爱商城一期开业起到了良好的宣传作用，提高了真爱商城在消费者心目中的知名度。

实训活动

【实训 1】

4~6 人为一组，利用报纸、杂志或网络搜集企业的竞赛促销活动方案，以小组为单位，讨论搜集到的各种竞赛促销活动方案，分析不同形式竞赛促销活动的操作程序及优缺点，并指出各种竞赛促销活动所适用的情况，完成表 6—2 的填写。

表6—2　竞赛促销活动方案评价表

竞赛促销形式	操作程序及优缺点	适用情况
征答竞赛		
征集广告语竞赛		
征联竞赛		
作画竞赛		
游戏竞赛		
操作技能竞赛		
其他有奖竞赛		

【实训2】

网易考拉网引进国外顶级商业社区服务模式，打造属于女性的社区化电子商务平台网站，提供生活、购物、休闲娱乐等方面的咨询向导。面对激烈的市场竞争，该网站决定通过策划一次消费者竞赛促销活动来进行宣传促销。现假定你是此次促销活动的策划者，请按要求完成以下工作。

1. 通过网络了解网易考拉网目前销售人员的实际工作情况。

2. 根据网易考拉网的促销活动目的，确定竞赛促销活动主题。

3. 设计一份完整的网易考拉网消费者竞赛促销活动方案，写出具体实施步骤。

项目7 团购网站促销

知识目标

- 明确团购网站促销的概念
- 掌握团购网站的注册方法
- 掌握团购网站促销信息发布的方法

团购即团体购物，是指一定数量的消费者联合，加大与企业的谈判能力，以求得最优价格的一种购物方式。团购的本质就是一种促销手段，作为新兴的商务模式，消费者可以通过自行组团团购、参加企业组织的团购等形式，提升自身与企业的议价能力，并获得商品让利。本教材以企业通过团购网站组织团购促销活动为例进行讲解。

一、团购网站促销概述

团购网站是团购的网络组织平台，是指建立在互联网和电子商务基础上，具有相同需求的消费者通过网络渠道组织成一个团体，购买同一种商品以取得更大的折扣和最优质的服务，达到团体利益最大化的一种购物方式。同时，根据薄利多销、量大价优的原理，企业可以通过团购网站主动给出低于零售价格的团购折扣和单独购买得不到的优质服务，以吸引消费者。

团购网站促销是一种三赢的促销模式，对于消费者而言，能够买到折扣力度大的商品或服务；对于企业而言，既可以吸引潜在消费者前来消费，成为实际用户，又可以进一步了解消费者需求，开发消费者价值；对于网站而言，寻找有合作意向的企业，约定达成团购的有效人数，可分享或提成部分收益。

团购网站可以分为本地生活服务团购和实物产品团购两种类型，前者的典型代表是美团网、大众点评网、百度糯米等，后者的典型代表是阿里巴巴旗下的聚划算。美团网、大众点评网、百度糯米和聚划算手机 App 主界面如图 7—1 所示。

二、团购网站注册

各个团购网站均提供企业入驻的入口，通过官网或者手机 App 可以申请入驻团购网站，成为网站的合作商户。现以美团网为例，介绍在官网上申请入驻美团的流程。

(a) 美团网

(b) 大众点评网

(c) 百度糯米

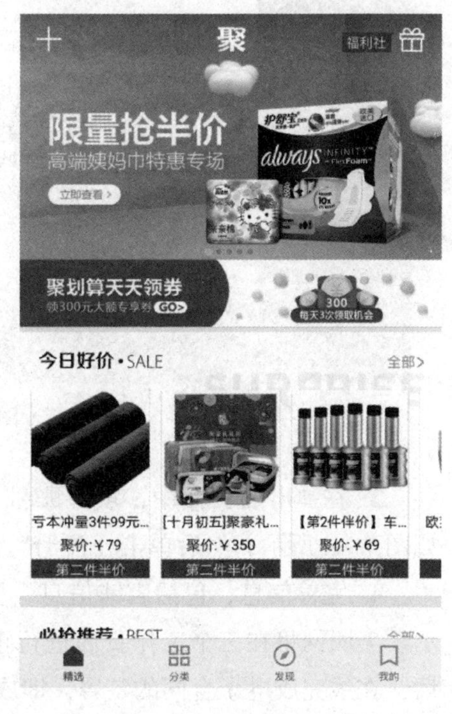

(d) 聚划算

图 7—1　常见团购网站手机 App 主界面

1. 登录美团网，在右上角单击“商家中心”—“我想合作”，如图 7—2 所示。

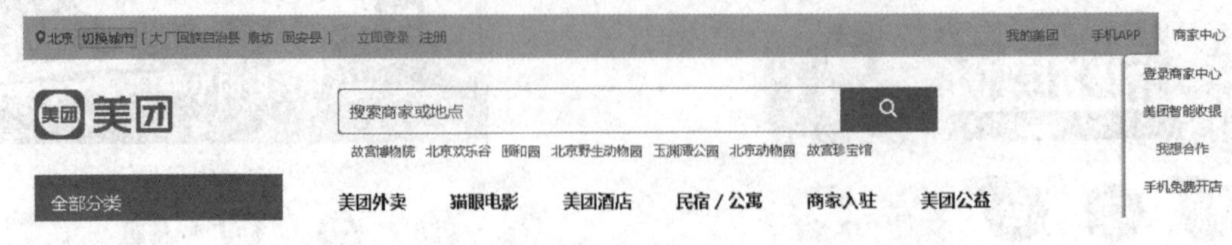

图 7—2 注册步骤一

2. 在弹出的页面中，选择所在城市、主营产品品类，如图 7—3 所示，单击“去注册”进入下一个页面。

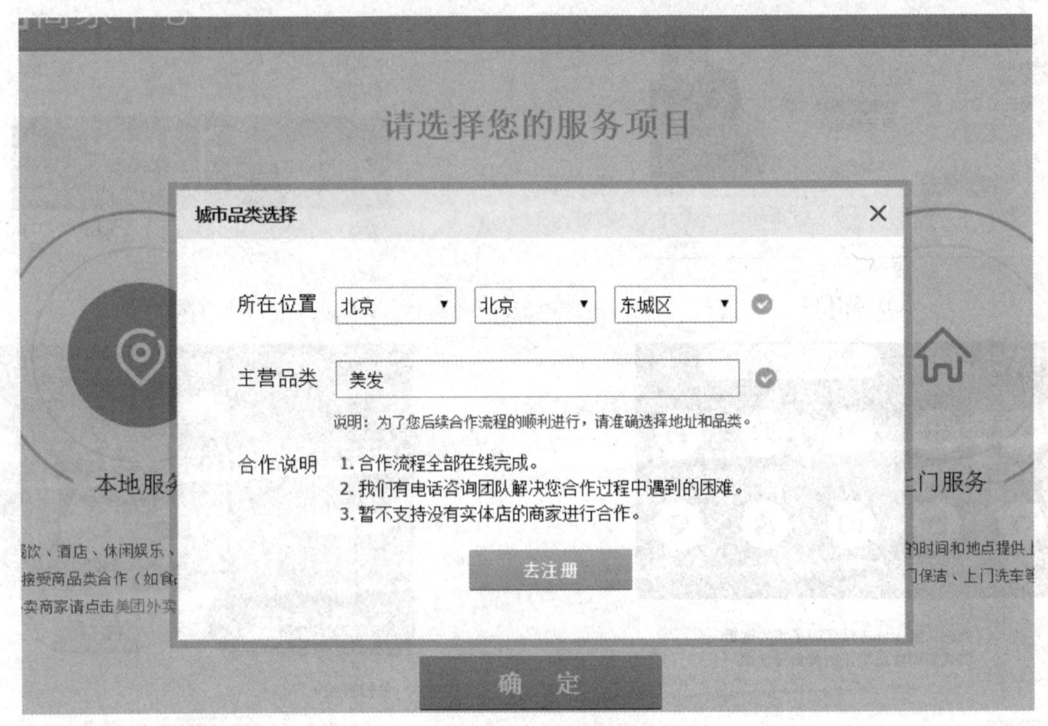

图 7—3 注册步骤二

3. 在弹出的页面中，填写账号、密码、手机等信息，并填写接收到的验证短信，如图 7—4 所示，然后单击“注册”进入提交资料页面。

4. 完善信息，包括店铺信息、资质信息、银行信息和实名认证等，如图 7—5 所示。美团网将在三个工作日内进行审核，并通过短信形式告知审核结果。审核通过之后，在线完成电子合同的签署，即成为美团网的合作企业，可以发布团购产品的相关信息。

作为团购网站的合作企业，在所建账户下拥有产品发布功能、收银功能、菜单标签功能等。一般而言，在企业合作页面中选择本地服务，按照企业经营品类选择后，就可

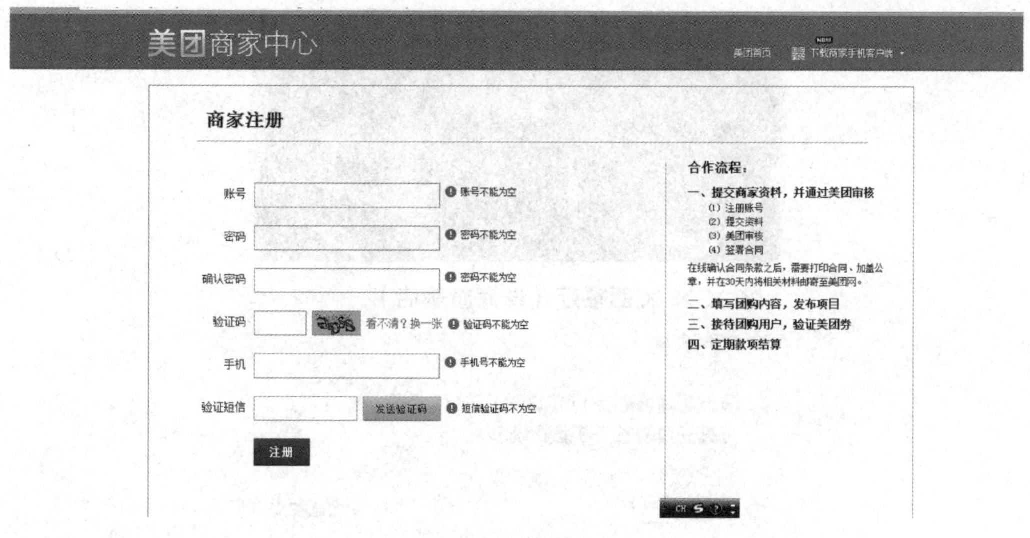

图 7—4　注册步骤三

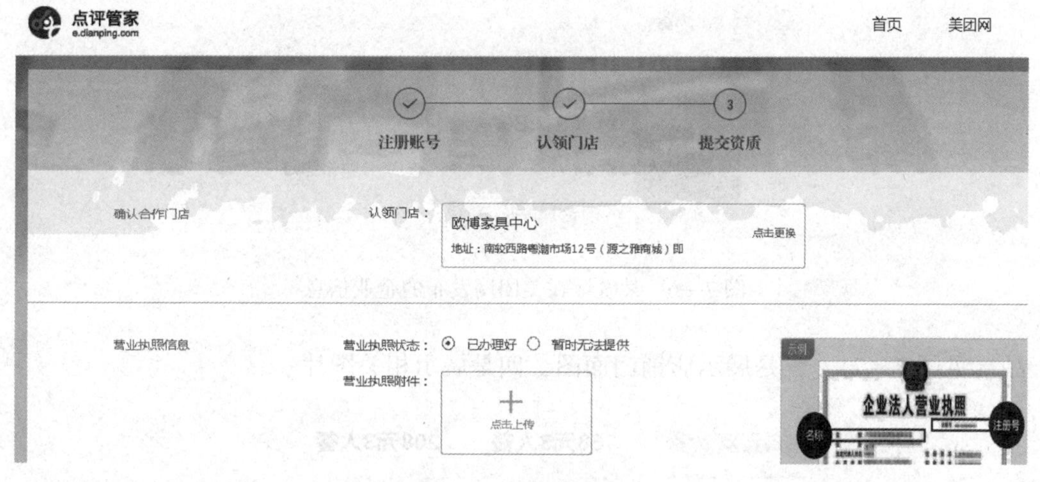

图 7—5　注册步骤四

以发布具体产品信息了。

三、团购网站促销信息发布

1. 发布促销产品信息

发布促销产品信息前要先发布企业信息，如图 7—6 所示为某餐厅在美团网发布的企业信息。

发布的促销产品信息主要包括团购产品主图、文字描述、产品图片展示三个方面。

（1）团购产品主图

团购产品主图展示一般有四种形式：一是展示企业的品牌 LOGO，二是展示团购的

图 7—6 某餐厅在美团网发布的企业信息

产品（见图 7—7），三是展示店铺门面图，四是展示相关图片。

图 7—7 团购产品主图

（2）团购产品文字描述

团购产品文字描述一般是按网站提前预设的格式填写，如有效期、套餐内容等。其他说明性的文字应尽量简明扼要，如果能用个性的表达更好。团购产品文字描述如图 7—8 所示。

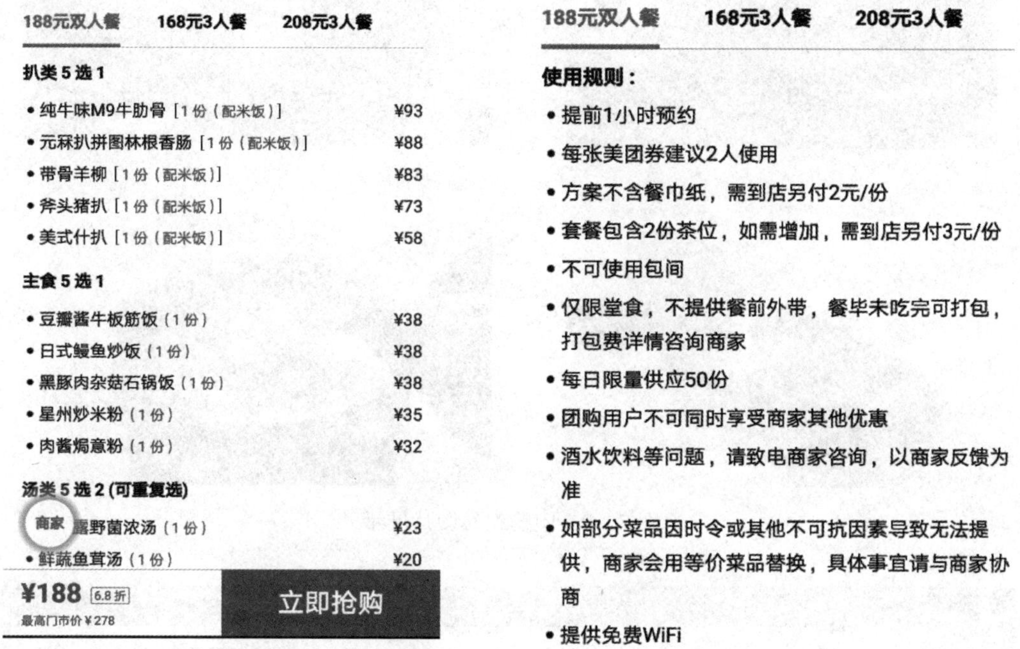

188元双人餐　168元3人餐　208元3人餐

扒类 5 选 1
- 纯牛味M9牛肋骨［1 份（配米饭）］ ¥93
- 元秫扒拼图林根香肠［1 份（配米饭）］ ¥88
- 带骨羊柳［1 份（配米饭）］ ¥83
- 斧头猪扒［1 份（配米饭）］ ¥73
- 美式什扒［1 份（配米饭）］ ¥58

主食 5 选 1
- 豆瓣酱牛板筋饭（1 份） ¥38
- 日式鳗鱼炒饭（1 份） ¥38
- 黑豚肉杂菇石锅饭（1 份） ¥38
- 星州炒米粉（1 份） ¥35
- 肉酱焗意粉（1 份） ¥32

汤类 5 选 2（可重复选）
- 商家 露野菌浓汤（1 份） ¥23
- 鲜蔬鱼茸汤（1 份） ¥20

¥188 6.8折
最高门市价 ¥278
立即抢购

188元双人餐　168元3人餐　208元3人餐

使用规则：
- 提前1小时预约
- 每张美团券建议2人使用
- 方案不含餐巾纸，需到店另付2元/份
- 套餐包含2份茶位，如需增加，需到店另付3元/份
- 不可使用包间
- 仅限堂食，不提供餐前外带，餐毕未吃完可打包，打包费详情咨询商家
- 每日限量供应50份
- 团购用户不可同时享受商家其他优惠
- 酒水饮料等问题，请致电商家咨询，以商家反馈为准
- 如部分菜品因时令或其他不可抗因素导致无法提供，商家会用等价菜品替换，具体事宜请与商家协商
- 提供免费WiFi

图 7—8　团购产品文字描述

（3）团购产品图片展示

团购产品图片展示一般以 6～10 张图片为宜，应尽可能多地展现产品细节，如图 7—9 所示。

2. 发布优惠券信息

企业可以选择在所建账户下发布优惠券信息，如图 7—10 所示为某商家发布的代金券，即用户可凭在美团网上购买的代金券结账，享受一定的价格优惠。

3. 发布促销活动信息

当企业要开展促销活动时，可以通过团购网站发布相关信息。如图 7—11 所示为某商家发布的促销活动，即用户可在美团网上以 9.9 元活动价下单，享受在该店拍摄价值 138 元的结婚证件照。

图 7—9　团购产品图片展示

套餐详情

套餐内容	单价	数量/规格	小计
代金券	100	1 张	100
		价值：100	美团价：¥ 59

图 7—10　优惠券发布

图 7—11　优惠活动发布

四、团购网站促销技巧

1. 尽量多网站促销

当前团购市场上，美团网、大众点评网、百度糯米三足鼎立，如果确定希望通过团购网站进行促销，那么三家网站尽量都要选择，以增加促销的通道。不过，不同团购网站在不同城市针对不同类目促销的收费会不一样，企业可以结合产品所在类目、团购平台收费情况以及自身对团购项目的整体规划做出选择。

2. 重视产品选择

企业开展团购的目的是促销引流，那么在产品的选择上就要给予重视。第一，要选择适合目标客户中大部分群体的产品。例如，企业在开展美食团购促销活动时，首先要选择那些符合大众口味的经典款菜品。第二，价格不能太高，对于团购促销活动来说，经济实惠仍然是重要指标，尽量提供比较明显的折扣以吸引消费者。

3. 注重产品品质

团购就是要用折扣促销的方式吸引消费者进店消费，进而带动店内其他产品的消费，以及将消费者发展为回头客，甚至帮企业进行口碑传播。因此，团购产品的价格虽然是优惠的，但不能因为价格优惠而降低产品质量。尽量不要有区别于线下消费者的限制条款，如餐饮团购不提供免费饮料等。应在注意产品品质的基础上，采取相应策略将团购用户进行转化，如其他消费、二次消费、口碑传播等。

4. 鼓励购买关联产品

企业可以适当向团购用户推荐一些关联产品，带动店内其他产品的销售，并且最好也提供一定的优惠。例如，对于团购快餐，可以向消费者推荐饮料；对于团购电影票，可以向消费者推荐零食，如图 7—12 所示。企业要注意不可过度推销，让消费者感觉不适。

同时，向团购用户征求意见，询问其是否满意，同时请求满意的用户向亲朋好友推荐企业产品，以及在团购网站上发图文给予好评，甚至在微博或微信朋友圈分享。如果能给这些打好评、推荐分享的用户一定的馈赠，会有更好的促销效果。

5. 搭配传统促销方式

在团购用户初次消费后，企业应通过团购网站赠送一些优惠券（代金券、折扣券等），吸引他们再次来店消费，这些优惠券的优惠力度应该比团购活动的优惠力度更大，把提成给团购网站的一部分利益，通过优惠券让渡给消费者。

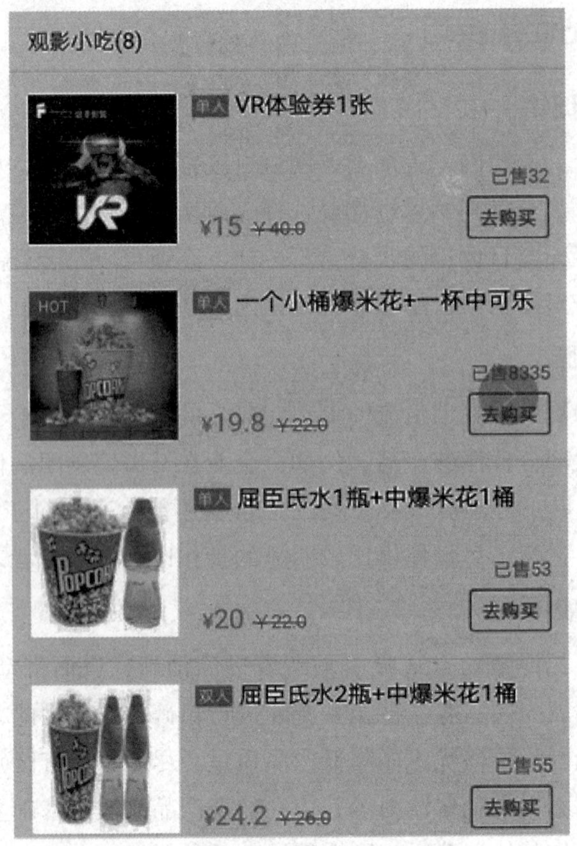

图 7—12　某电影院提供的观影小吃团购

实训活动

【实训 1】

4~6 人为一组，利用报纸、杂志、网络或实地走访三家及以上在团购网站开展过团购企业的促销活动方案，以小组为单位，讨论搜集到团购网站、选择依据、产品选择和组合、网站费用、团购促销效果等内容，并总结优缺点，完成表 7—1 的填写。

表 7—1　　团购网站促销活动方案评价表

项目	评价	学生评价
团购网站		
选择依据		
产品选择和组合		
网站费用		
团购促销效果		

【实训 2】

团购的市场规模和用户数量之大，足以引起企业的关注。对于新开业的企业而言，通过团购网站进行促销更是引流的好手段，因此很多企业都会推出各种团购促销活动来吸引消费者。现假定你是某新开业的烘焙店的经理，为宣传新店、招徕顾客，请按要求完成以下工作。

1. 针对企业特点设计团购网站的团购项目。

2. 设计三份团购设计方案，并选出一份进行班级展示和说明。

项目8　微博促销

知识目标

- 了解微博促销的方式
- 掌握微博注册的方法
- 掌握微博促销信息的发布方法

微博是一种基于用户关系信息分享、传播以及获取的，通过关注机制分享简短实时信息的广播式社交媒体或网络平台，用户可以通过计算机、手机等多种终端接入，以文字、图片或视频等多媒体形式，实现信息的即时分享和传播互动。微博也可以理解为“微型博客”，微博用户可以将看到的、听到的、想到的问题用一句话或一张图片表达，通过网络端或移动端随时随地分享给他人。微博用户还可以关注他人，即时看到所关注者发布的信息，以便更好地互动和沟通。

一、微博促销概述

企业开通官方微博后，以微博作为平台，可以在热门话题、趣味话题、图片和视频中植入广告，按照微博用户的喜好随时定制新的广告发布。每一个微博用户都是潜在消费者，微博促销效果的好坏反映了企业对潜在消费者的挖掘程度。图8—1所示为几家知名公司的官方微博首界面。

图8—1　企业官方微博

企业使用微博促销时一般会采用以下三种方式。

第一种方式是企业直接入驻微博的购物栏目，如图 8—2 所示。这种方式相当于将微博作为类似于淘宝网的电商平台，并在这个平台下发布产品销售信息，进行促销活动，即消费者可以直接通过微博购物。

图 8—2　直接入驻微博的购物栏目

第二种方式是企业在微博购物主页面发布促销海报，然后在促销海报和淘宝店铺之间建立链接，以此进行促销活动的引导和宣传，如图 8—3 和图 8—4 所示。

图 8—3　在微博购物主页面发布促销海报

图 8—4　微博促销海报链接到淘宝店铺首页

第三种方式是企业在官方微博发布具体产品的促销信息（见图 8—5），或利用微博文字本身建立到网上店铺中具体产品页面的链接（见图 8—6），以此进行促销活动。

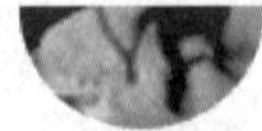

30秒前 来自 微博 weibo.com

【牙膏】 39.9 网页链接

图 8—5　在官方微博发布产品信息附加网上店铺具体产品页面链接

图 8—6　单击网页链接进入具体产品销售页面

二、微博注册及功能了解

1. 注册微博

现以在新浪微博注册企业官方微博为例，讲解微博的注册和认证。

（1）微博注册分个人注册和官方注册两种形式。本次注册选择官方注册标签页，按照提示完成相应信息的填写，然后单击“立即注册”，如图 8—7 所示。

个人注册 | 官方注册

官方认证类型包括：政府、企业、媒体、网站、应用、机构、公益、校园组织
注意：非官方类用户，请直接在个人注册处注册

* 邮箱：使用邮箱登录
或使用手机注册
* 设置密码：
* 官方注册微博名：请参考组织/企业/品牌全称
* 所在地：广东 珠海
* 验证码：FJS 换一换

立即注册

微博服务使用协议
微博个人信息保护政策
全国人大常委会关于加强网络信息保护的决定

图 8—7　微博官方注册界面

（2）注册成功后可以进行企业官方认证，点击右上角的“设置”按钮，找到“V认证”，如图 8—8 所示。

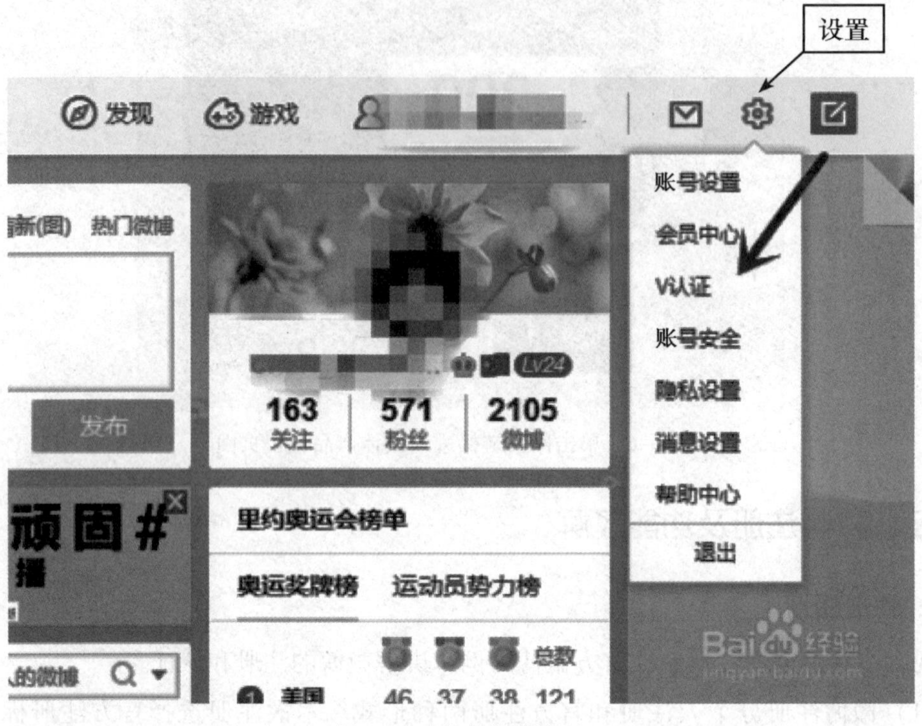

图 8—8　官方微博认证

（3）点击进入下一页面后，选择申请“官方认证”，然后再选择“企业认证”，如图 8—9 所示。

图 8—9　企业微博 V 认证

（4）确认显示信息，包括微博名称（提前想好的企业官方微博名称）、认证信息、所属行业、微博运营所在地等。同时填写企业业务资料，包括企业名称，营业执照注册号，法定代表人、企业负责人姓名，经营范围等。同时需要提前准备好照片或证件扫描件，包括企业工商营业执照、认证公函（下载后填写盖章再将扫描件上传）、其他商标、网站备案等。

2. 了解微博功能

自 2012 年 12 月起，新浪微博推出企业服务商平台，为企业进行微博促销提供了一定的帮助。企业应重视微博的注册及维护，善用微博功能，使微博真正成为企业的名片。

（1）微博定制

企业可以通过微博定制方式，提高企业官方微博等级，增加微博栏目，吸引品牌爱好者参与，如官方认证加 V、微博模板设计、建立微群、建立微刊、建立微卖场、建立微活动、提供客户服务等。

（2）微博运营

组建专门的事业部进行微博运营，通过原创微博撰写、热点微博转发、重点微博维护、重大节日及活动定制模板设计、精准筛选并寻找重点客户关注、实时抓取行业信息、实时抓取追踪分析行业竞争对手走向等方式，使企业官方微博真正成为一个聚集品牌爱好者，并能帮助企业提升品牌知名度的平台。

（3）微博推广

企业建立官方微博后，可以通过草根达人转发、文化名人转发、人气明星转发等方式，为企业微博进行多角度、多渠道的宣传。

（4）微博活动

配合企业即将开展的活动，通过微博进行宣传推广，如前期主题活动方案策划、后期活动信息发布收集、活动亮点转发、客户释疑、澄清、声明等。

三、微博促销信息发布

企业应根据官方微博的定位，发布高质量的与促销主题相关的内容，逐步建立在用户中的影响力，提高企业知名度，增加促销活动的点击率。

1. 发布互动交流促销活动信息

企业应定时定期在微博上发布互动交流促销活动信息，通过与用户的频繁互动达到促销的目的，如图 8—10 所示。

2. 发布免费奖品促销活动信息

企业应定时定期在微博上发布免费奖品促销活动信息。对于企业来说，提供免费奖品鼓励是一种常用的微博促销手段，如图 8—11 所示。

麦当劳

2月15日 21:00 来自 微博 weibo.com

#捉妖记2#有妖气！戳↓图说说你捉到了几只妖？答对的麦麦请你看电影！(共25份，每人2张)

图 8—10 发布互动交流促销活动信息

小米手机

1月31日 18:51 来自 小米Note 3 拍人更美

#超级蓝血月全食# 冷知识：蓝月亮其实不是蓝色的，而是隐喻不常发生的事件。转发微博，当蓝月再次出现，抽送1台蓝色小米Note 3。

天猫

1月23日 22:02 来自 微博 weibo.com

【超级福利】1月24日上午10点 #天猫年货节# 加推1万张天猫财神卡（解封后必中¥888或¥88红包）！解封神卡满10张的用户，可以看见这个隐藏福利喔！不满10张也不用担心，现在起转发本条微博，天猫将会在参与用户中送出10张天猫财神卡！1月24日晚10点开奖！

图 8—11 发布免费奖品促销活动信息

3. 发布优惠券促销活动信息

与线下发送优惠券的促销活动信息一样，企业应定时定期地在微博上发布优惠券促销活动信息，以获得更好的促销效果，如图8—12所示。

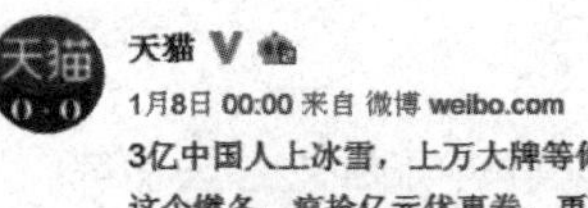

图8—12　发布优惠券促销活动信息

4. 发布限时低价或折扣促销活动信息

提供限时低价或折扣是一种有效的促销方法，企业应在微博定时定期地发布低价或折扣促销活动信息，如图8—13所示。

图8—13　发布限时低价或折扣促销活动信息

5. 发布宣传活动信息

企业如果有新产品发布会或其他大型宣传推广活动，可以利用微博发布相关活动信息，从而获得潜在消费者的关注、支持和参与，如图 8—14 所示。

图 8—14　发布企业宣传活动信息

6. 发布市场调查信息

企业官方微博是企业与用户进行及时有效沟通的平台，企业可以定期发布市场调查信息，收集消费者对产品或服务的反馈意见和建议，进而根据意见和建议提高产品或服务的质量，为企业赢得良好的口碑，如图 8—15 所示。

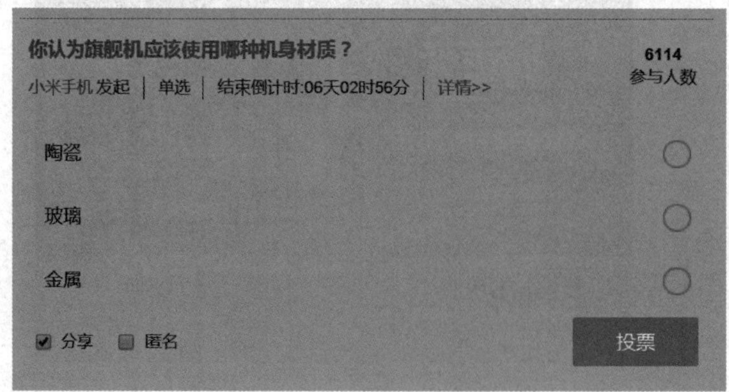

图 8—15　发布市场调查信息

7. 发布品牌爱好者招募信息

企业可以利用官方微博发布品牌爱好者招募信息，从而为企业的口碑传播、品牌运营、互动营销等提供支撑，如图 8—16 所示。

图 8—16　发布企业品牌爱好者招募信息

四、微博促销技巧

1. 善用当前热门话题

在每次更新官方微博之前，先要去搜索近期热门话题是什么，然后将它策划融入企业本次促销活动的内容中，这样可以增加被用户搜索到的概率，进而达到促销的目的，热门话题搜索界面如图 8—17 所示。

热门话题　换一换

#极限挑战电影定档0115#	1346.1万
#1128我们从世界赶来#	3589.7万
#谢谢你出现在我的青春里#	2063.1万
#奔跑吧兄弟#	236.7亿
#能放进口袋的电脑#	117万
#电影沙漏#	4899.1万

微博频道

热门话题　热门微博　听歌
找人　股票　视频
电影　购物　旅游

图 8—17　热门话题搜索界面

2. 巧选微博关键词

选择微博关键词时，应尽量利用热门的关键词和容易被搜索引擎搜索到的词条，提升搜索引擎的抓取率，同时应考虑关键词和促销活动内容的相关性，即所选关键词不能和活动内容毫无关联或牵强地联系在一起。热门微博关键词如图 8—18 所示。

热门微博

社会	国际	IT互联网
科普	数码	财经
理财	明星	综艺
电视剧	电影	音乐
汽车	体育	健身
健康	瘦身	养生
军事	历史	视频
语录	摄影	情感
正能量	笑话	辟谣
旅游	育儿	游戏
美食	房地产	教育
星座	读书	家装
设计	艺术	三农
美妆	动漫	时尚

图 8—18　热门微博关键词

3. 进行有规律的适度更新

企业官方微博开通后，要根据企业整体促销计划的安排，在官方微博进行有规律的适度更新，定时定期发布促销活动信息，并通过各种促销方式和技巧与用户进行互动，培养用户的忠诚度，挖掘潜在用户。

（1）发布微博应集中在黄金时段

在更新官方微博时，如果想让更多的用户实时看到，就要注意选择合适的发布时间。一天内发布微博的黄金时段主要集中在三个时间段：上午 9：30—12：00，下午

3：30—5：30，晚上 8：30—11：30。按照在线用户的活跃程度来排序，一般为晚上活跃用户最多，上午居中，下午最少。同时，还要注意工作日和周末发布微博的最佳时间并不完全一致。一般来说，周末上午看微博的用户最少，下午和晚上要多一些，且周日比周六看微博的人要多。

（2）发布微博的时间应“因人而异”

目标客户不同，企业发布微博的时间要根据用户的生活规律或习惯加以区分。例如，如果某企业将用户群定位于全职太太，那么就要考虑该群体平时需要照顾孩子、做家务，所以一般要到午休时间或者晚上 10：00 以后才有时间静下心来看微博。

（3）发布微博的时间应根据内容确定

微博内容不同，最佳发布时间也不同。例如，相关业界新闻、行业动态可以选择在工作时间发布，促销活动举办的相关信息可以选择在周五、周末或者公共假期时发布。

4. 注重个性化

微博的特点是“关系”和“互动”，因此，企业官方微博的定位，不应只是官方发布消息的一个窗口，而应定位于与品牌个性相匹配，使其具有自己的特点与内容，提高其黏性，持续积累品牌爱好者的关注，从而确保微博具备不可替代性与独特的魅力。

例如，在第 20 届世界杯比赛期间，伊利营养舒化奶找准产品与赛事精神的契合点，与新浪微博深度合作，利用微博加强与球迷的互动，与之产生情感共鸣，借此深化和提升品牌形象。在“我的世界杯”模块中，伊利营养舒化奶为了迎合球迷们的竞争心理，特别设置球队 PK 子模块，吸引大批对抗赛的双方球迷参与。同时，“我的世界杯”模块的设计结合了伊利营养舒化奶的特色，与世界杯元素巧妙结合，潜移默化地让“在场”的球迷对品牌产生记忆，如图 8—19 所示。由于世界杯持续的时间较长，球迷们长期停留在“我的世界杯”版块，自然对微信平台产生熟悉和依赖感，进而对伊利品牌产生好感。

图 8—19　伊利营养舒化奶与新浪微博深度合作

实训活动

【实训 1】

4~6 人为一组，每个小组在新浪微博申请一个微博个人账户和企业账户（因企业账户需要企业、机构组织才能申请，教师可借助于熟悉的企业账户进行演示，对学生不做要求），并以小组为单位提交注册全过程和微博发布注意事项。

【实训 2】

某学校即将举办趣味运动会，为了更好地宣传学校、提升人气，学校的宣传部门特别准备了“趣味运动会”照片秀活动策划，选择“新浪微博”作为推广平台。“趣味运动会”活动主题具体包括：①“趣味运动会”趣味照片秀；②摆出你的运动会姿态；③炫出你的运动会生活。假定你是该校官方微博的运营团队成员，请按要求完成以下工作。

1. 为每个活动主题设计微博推广海报。

2. 设计三份微博推广方案，并选出一份进行班级展示和说明。

项目 9　微信促销

知识目标

- 了解微信促销的方式
- 掌握微信注册的方法
- 掌握微信促销信息的发布方法

微信是腾讯公司推出的一款为智能终端提供即时通信服务的免费应用程序，支持跨运营商、跨操作系统平台服务。利用微信，用户可以通过网络发送语音短信、视频、图片和文字等信息。除了这些基本的通信功能，用户还可以利用“朋友圈”这一社交功能发布图片、文字、网络链接等内容，和好友共享；或通过公众平台获取来自媒体用户发布的资讯，使用商家提供的各类客户服务等。微信打开界面如图 9—1 所示。

图 9—1　微信

一、微信促销概述

《2018 年度微信数据报告》中显示，微信月活跃用户已达到 10.1 亿人次，各品牌的微信公众平台总数已达上千万，微信支付用户则有 4 亿左右。从使用人数和用户黏度来说，微信是开展促销活动的优秀平台之一。微信促销主要通过微信公众平台实现。

微信公众平台是微信向媒体、企业提供的一种服务平台，目前包括订阅号、服务号、企业号三种类型。

1. 订阅号

订阅号主要为用户传达资讯（类似报纸、杂志），关注（订阅）的用户就像每天接收报纸或杂志一样，故称订阅。订阅号适用于个人和组织，面向个人和政府、媒体、企业、协会、社团等公共组织，只要提供所需信息，均可申请注册。订阅号为媒体和个人提供一种新的信息传播方式，构建与读者之间更好的沟通与管理模式。它的主要功能包括消息显示在“订阅号”文件夹中，每天可以群发一条消息（资讯）、基本的消息接收和回复接口，聊天界面底部、自定义菜单等。图 9—2 所示为 CN 广告网资讯订阅号。

图 9—2　CN 广告网资讯订阅号

2. 服务号

服务号主要提供服务查询，用于服务交互（类似银行客服、114 查号台），每个月可群发四条消息。服务号不适用于个人，仅面向能提供产品或服务的公共组织。注册服务号的用户可在服务号上发布产品或开通商城，直接进行网上交易。服务号的用户仅为公共组织，与订阅号区分开来，有效避免了服务号沦为纯粹的广告营销工具。图 9—3 所示为广发银行服务号。

3. 企业号

企业号主要供企业内部通信使用，需要先验证身份才可以成功关注企业号。企业号面向提供产品或服务的公共组织，帮助企业、政府机关、学校、医院等事业单位和非政府组织建立与员工、上下游供应链及内部 IT 系统间的联结，并能有效地简化管理流程，提高信息的沟通和协同效率，提升对一线员工的服务及管理能力。图 9—4 所示为某公司的企业号。

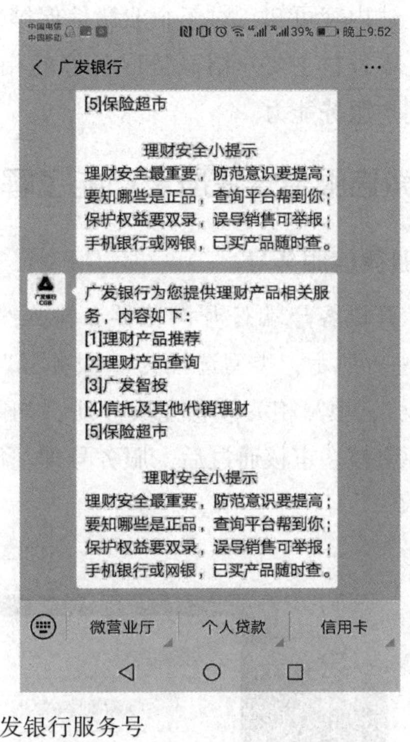

图9—3　广发银行服务号

图9—4　企业号

结合上述内容可知，对于企业微信促销来说，比较适合的微信公众平台应该是服务号。因此，本教材主要介绍微信服务号的相关知识，以及企业如何利用服务号进行促销，提升用户服务能力。

二、微信服务号注册及功能了解

1. 注册微信服务号

使用计算机客户端打开浏览器，输入“https://mp.weixin.qq.com/”，登录注册页面，如图9—5所示，类型选择为“服务号”，如图9—6所示，运营主体选择“组织”中的“企业”，填写相关信息完成注册，如图9—7所示。提交相应的信息和企业经营资质，等待审核。审核通过后，服务号即注册成功。

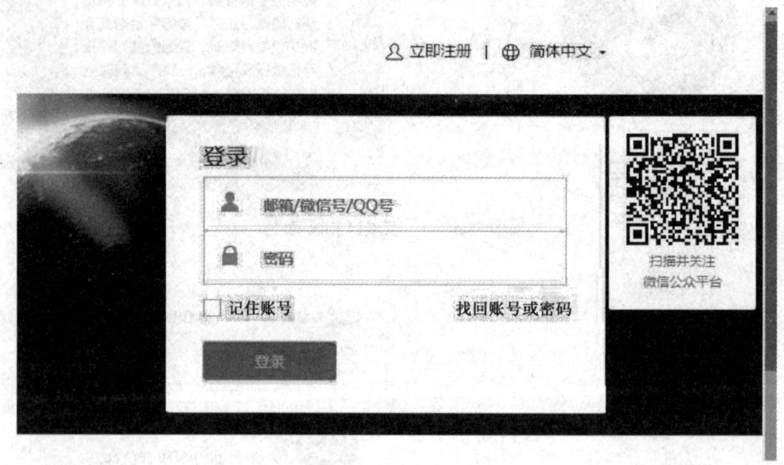

图9—5　登录注册页面

请选择注册的账号类型

订阅号
具有信息发布与传播的能力
适合个人及媒体注册

服务号
具有用户管理与提供业务服务的能力
适合企业及组织注册

小程序
具有出色的体验，可以被便捷地获取与传播
适合有服务内容的企业和组织注册

企业号
具有实现企业内部沟通与内部协同管理的能力
适合企业客户注册

图9—6　选择服务号

主体类型　如何选择主体类型？

政府	媒体	企业	其他组织

其他组织包括：不属于政府、媒体、企业或个人的类型。

主体信息登记

组织名称

信息审核成功后，组织名称不可修改

组织机构代码

请输入9位组织机构代码，如12345678-9；或18位的统一社会信用代码

验证方式　请先填写名称

图 9—7　填写相关信息

2. 了解微信服务号功能

微信服务号提供九大高级接口，帮助企业进行扩展功能的开发和接入，不同企业在菜单设置和扩展功能开发接入上会有不同。企业应做整体考虑，列出打算利用服务号向客户提供的所有服务，对这些服务进行归类，再将它们放入不同的菜单中。例如，华润万家超市微信服务号（见图 9—8）设置了会员服务、惊喜互动、促销信息三个主菜单，每个主菜单下又设置了不同的子菜单，如图 9—9 和图 9—10 所示。

对于企业来说，微信服务号是一个效果显著的促销平台，在发布促销优惠活动信息时，一定要进行整体的促销活动设计，要明确促销活动的主题和目的，对整体促销活动进行分析和设计，对客户进行精准的数据化分析，根据消费区域、购物需求、消费额度、消费频次等对客户进行细分，有针对性地进行促销活动内容的设计与发布，及时监测分析促销活动的执行情况和后台反馈的具体数据，有针对性地进行策略的调整和活动的优化。

同时，要想发挥利用微信服务号提供服务的优势，就需要对关注微信号的用户有充分的了解。可通过后台数据，对关注企业微信服务号的用户进行细分。例如，可以按照地理位置进行细分，按照用户年龄进行细分，按照用户性别进行细分，按照用户购买频次、购买金额等进行细分。分析不同细分用户的特性和需求，有针对性地进行促销。

图 9—8　华润万家超市微信服务号

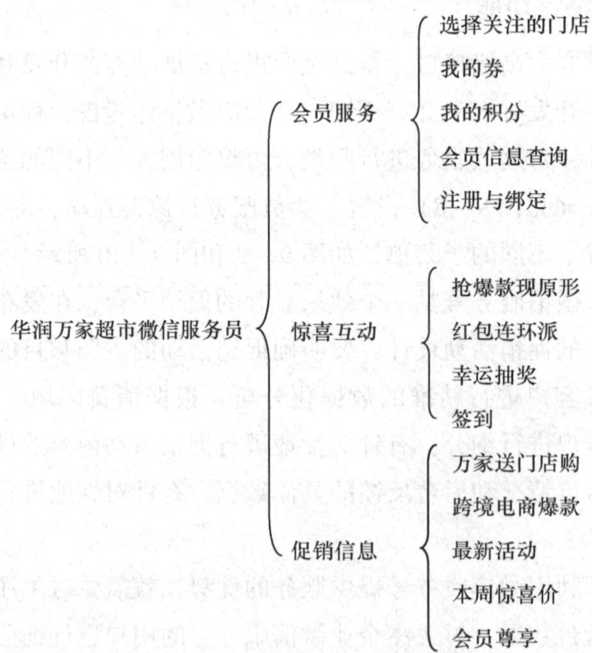

图 9—9　华润万家超市微信服务号主单菜与子菜单

图 9—10　华润万家超市微信服务号子菜单

三、微信促销信息发布

企业开通微信服务号之后，可以发布各种优惠促销信息，与关注本企业微信服务号的用户进行互动，从而向用户提供更优质、更便捷的服务，使用户积极主动地进行线上或线下的消费。一般而言，微信促销可以发布以下几种类型的信息。

1. 发布限时优惠促销活动信息

在这类综合型限时促销活动中，可以运用各种优惠促销的手段和方式，如折扣促销、赠品促销等，图 9—11 所示为华润万家超市微信服务号发布的限时优惠促销活动信息。

图 9—11　发布限时优惠促销活动信息

图 9—12 所示为华润万家超市微信服务号根据企业既定的促销计划安排，定时定期发布的优惠促销活动信息。

图 9—12　定时定期发布的优惠促销活动信息

2. 发布积分促销活动信息

积分促销也是企业微信服务号普遍采用的促销手段，只要用户关注企业微信服务号，完成注册手续之后即成为该企业的会员，企业会依据相应的积分规则和促销活动规则，持续不断地对用户进行产品优惠信息的推送，提高用户的消费频次。图 9—13 所示为华润万家超市微信服务号发布的积分优惠促销活动信息。

3. 发布专题促销活动信息

图 9—14 所示为华润万家超市微信服务号发布的针对学生开学季的专题促销活动信息，以及针对具体品牌“雅培”的专题促销活动信息。

四、微信促销技巧

1. 提高内容质量，加大用户黏性

不同于微博促销，微信所面对的客户都是主动关注企业公众平台，希望接收账号推送消息的受众，这种“订阅”式的阅读特点，意味着用户希望从这个平台得到一些资讯，且大多数以娱乐消遣为目的，因此，微信公众平台发布的内容要尽量满足用户的心理需求，考虑怎样使用户获得愉悦感。

对于企业而言，微信公众平台可以加入一些品牌文化、产品背后的故事等内容，在这些故事中植入促销信息，对于消费者来说，既可以娱乐消遣，又可以得到相关促销信

会员购物积分，积分当钱花。每消费1元积1分，500点积分可兑换2元现金券。

真功夫鲜香肉酱蒸米粉套餐兑换	汉堡王王道川蜀鸡翅券	腾讯视频VIP会员月卡
2699积分	2999积分	4699积分

积分换好物 | 品质生活积分兑

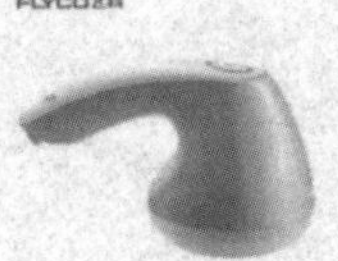

飞科（Flyco） FR 5216毛球修剪器...	苏泊尔（SUPOR）电饼铛家用煎烤	亿觅hellokitty10000毫安充电宝可...
8750积分	44750积分	32250积分

图 9—13　发布积分优惠促销活动信息

开学啦！新文具闪亮登场！...

开学啦！新文具闪亮登场！关爱妈妈人人有责噢！

2016-02-24 华润万家

送孩子一个开学礼物！

没有新文具就没有新学期！

谁说孩子不爱学习了？

不爱学习的孩子才不会理会有没有新文具呢！

所以给孩子一份新文具，

让他们对学习的热情持续高涨吧！

华润万家携手雅培，猴年"壕"...

华润万家携手雅培，猴年"壕"礼大放送！

2016-02-24 华润万家

你负责养娃"败家"，

我负责优惠派发！

华润万家携手雅培，

最高价值80元"壕"礼大放送！

速速来接

↓↓↓

（活动日期：2016年2月24日至3月22日）

Vanguard 华润万家

新会员 专享满立减

图 9—14　发布专题促销活动信息

息，对企业的好感度会随之上升。例如，星巴克（中国）在推出哥伦比亚薇拉咖啡豆和卡提卡提综合咖啡豆的新品时，就通过官方微信公众平台讲述咖啡背后的故事，并在介绍文字后面附上新品的促销信息，如图 9—15 所示。

夏日的这抹冰爽咖啡香，自南美
火山与东非裂谷飘来

星巴克中国 5月8日

「广告」

图 9—15 星巴克（中国）官方微信公众平台的新品发布信息

2. 选择多种媒体形式推送

微信作为新媒体的应用代表，是能够集文字、图片、语音、视频、超链接和第三方应用等多媒体形式于一体的媒介，因此，企业应尽可能地采用多种媒体形式定向推送，将内容更精准地发送到用户。

首先，尽量编辑多图文信息用于发送，使内容更加丰富。通过微信公众平台的素材管理栏目，点击“新建图文消息”按钮，加入内容后完成编辑，点击下方的“保存”。如果要发布多图文消息，可继续点击左侧图文导航中的“+”，此时相当于又编辑了一个图文消息，按照此方法，最多可以添加 8 个图文消息，如图 9—16 所示。

其次，善用音频和视频信息，使微信变成一个小电台或电视台。音频和视频消费相较图文消费更具有吸引力和感染力，会让用户更加追捧。例如，深受孩子和妈妈追捧的“Michael 钱儿频道”，就在微信公众平台上加入了听故事、看视频的栏目，如图 9—17 所示。

最后，选择精美的微信图标获得更高的点击率。微信最新版本中的公众平台均被折叠在“订阅号”文件夹中，与以前的版本相比，这些公众平台发送的信息不再以单独的形式提醒用户，也就是说，用户点击进入后看到的是以图表形式罗列的公众平台，那

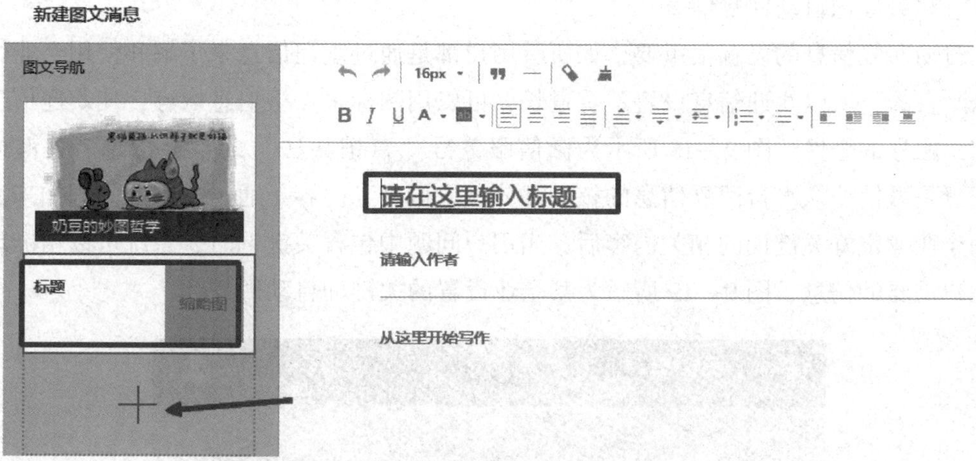

图 9—16　微信公众平台的多图文信息创建

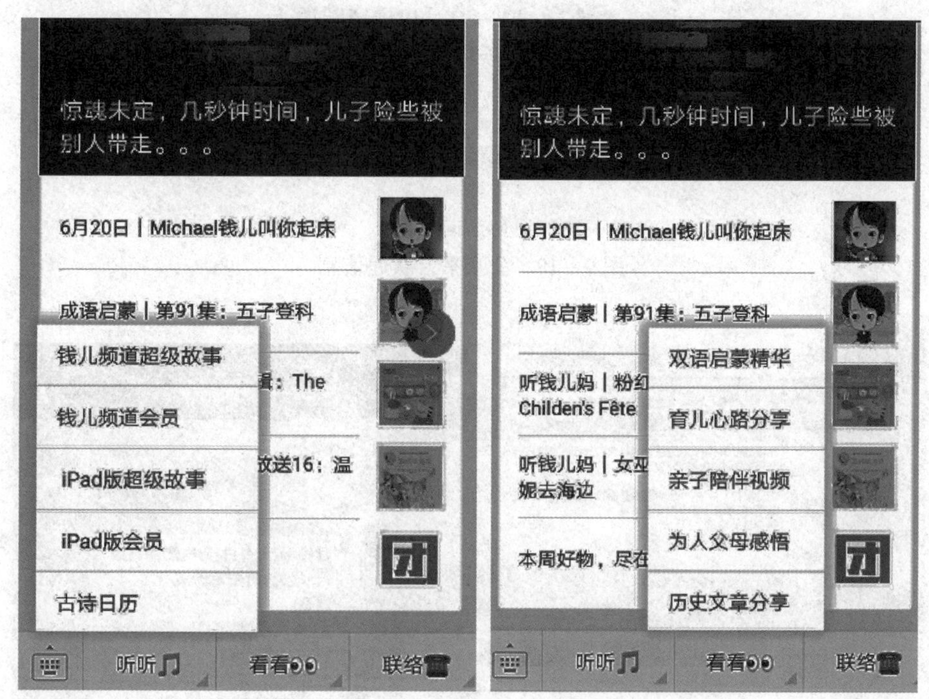

图 9—17　“Michael 钱儿频道”的微信公众平台

么更为美观的图表将会获得更多用户的青睐，从而更容易被用户看到，而且精美的微信图标也是企业视觉形象的一种展示，能够体现企业的风格和特点。

3. 通过有效互动获得品牌爱好者的好感

对于微信公众平台来说，除了能够向关注者群发消息之外，还能够接收和处理关注者在对话页面向公众平台发送的消息，这就要求企业设置好回复信息，主要包括自动回复信息和关键词自动回复信息。

自动回复信息的设置很重要，如所有用户都是通过欢迎信息来了解和使用企业微信公众平台的，所以欢迎信息设置不宜过长，可以用图标来点缀信息内容，使欢迎信息更加突出账号的个性，图 9—18 所示为微信服务号“营销兵法”的欢迎信息。关键词自动回复是微信公众平台回复信息的核心部分，人机交互内容是通过关键词的添加来实现的，企业设定好关键词的相关内容后，当用户问题中包含关键词时，系统可以精准地提供用户需要的信息，图 9—19 所示为某企业设置的关键词自动回复。

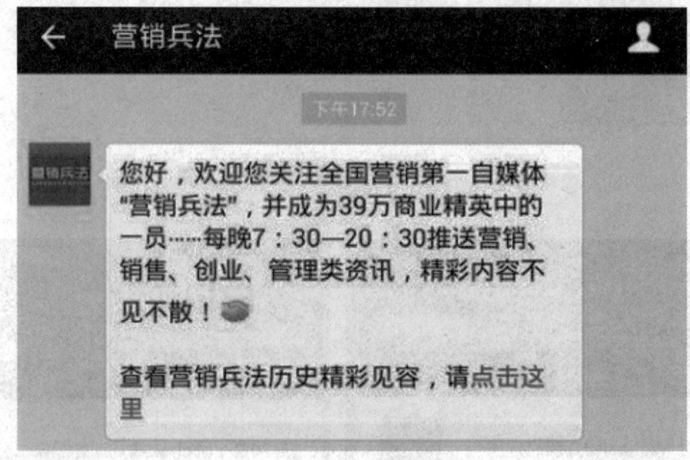

图 9—18　公众平台欢迎信息

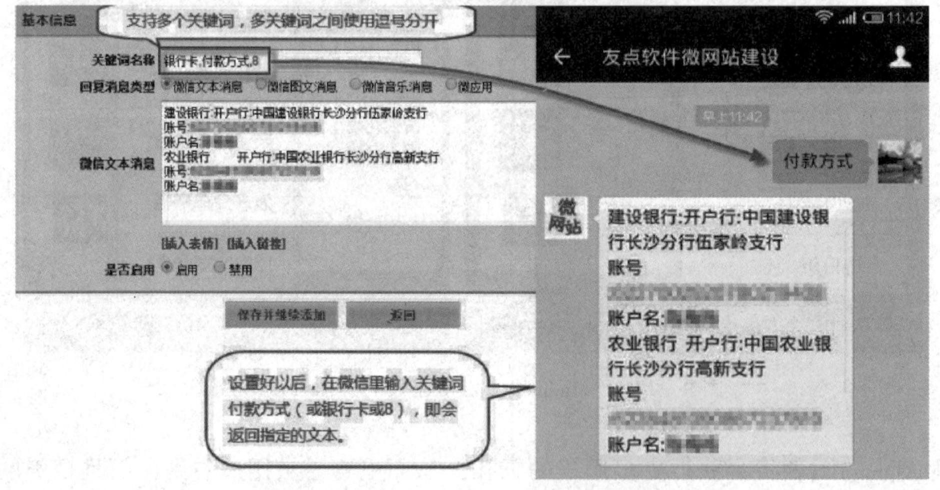

图 9—19　关键词自动回复设置

除自动回复以外，企业还可以在微信公众平台设置实时回复功能。实时回复需要运用人工即时交互，虽然增加了人力成本，但使用户与企业之间的沟通更加顺畅和充满人情味，沟通效果要优于自动回复。

实训活动

【实训 1】

4~6 人为一组，以小组为单位，每个小组申请一个订阅号（服务号需要企业、机构组织才能申请，订阅号在功能上与服务号有许多类似的地方），了解微信公众平台的基本申请流程。

申请成功后，在自定义菜单中创建两个菜单，每个菜单中添加两个子菜单（可以学习借鉴其他企业微信公众平台的菜单形式），在素材管理中至少新建两条图文消息，用其他微信号搜索此订阅号并关注，在订阅号后台向添加关注的微信号发送消息，并完善订阅号的其他功能。

【实训 2】

利用微信公众平台为某书店设计促销活动。

1. 针对新年活动设计微信服务号活动内容。

2. 创建一个促销活动主题，在微信订阅号的素材管理中制作成图文消息，并查看展示效果，需说明设计理由。

3. 设计三份微信服务号促销方案，并选出一份进行班级展示和说明。

项目 10　整合促销

知识目标

➢ 掌握整合促销的流程

➢ 掌握整合促销的技巧

➢ 了解零售企业、酒店和餐饮企业的促销方法

一、整合促销概述

整合促销是以消费者为核心，重组企业行为和市场行为，综合协调地使用各种形式的传播方式，以统一的目标和统一的传播形象，传递一致的产品信息，实现与消费者的双向沟通，迅速确立产品品牌在消费者心目中的地位，建立产品品牌与消费者长期密切的联系，更有效地达到广告传播和产品促销的目的。

整合促销重视互联网的信息传播能力，让每个促销手段互相关联促进，相辅相成，达到 1 加 1 大于 2 的效果。综合互动传播、活动营销、事件营销、SEO（Search Engine Optimization 搜索引擎优化）、SEM（Search Engine Marketing 搜索引擎营销）、媒体资源整合等多项手段，将企业信息以更高效的手段向自己的目标用户和合作伙伴等群体快速传递。

二、整合促销流程

1. 确定整合促销目标

整合促销目标一般是指将一切促销方式与活动一体化，将传统促销、新媒体促销中的一切消费者能够感受到的促销方式整合为一体，使企业的价值形象和信息能够在最短时间内传达给消费者。

2. 研究消费者的消费行为与消费心理

整合促销活动要将全部焦点集中在消费者身上，研究他们的消费行为与消费心理，以消费者的需求为出发点系统考虑整合促销活动流程，对活动的方向有一个整体的把握。企业在研究活动结束后，还可以建立消费者（包括成交消费者和潜在消费者）数据库，数据库的内容至少应包括有关消费者行为和态度的信息以及成交消费者过去的购买记录等。

3. 选择整合促销的具体方式

整合促销的具体方式需要不断地创新，只有具有新意、具有个性和具有活力的整合促销方式，才能引起消费者的强烈共鸣。

整合促销的核心切入点是产品，要通过对产品内容和形式的创意策划，提高产品对消费者的吸引力，通过调研发掘消费者的需求，然后在创意策划的基础上充分整合自身优势资源，形成丰富扎实、特色突出的核心内容，并在内容呈现形式上精心设计、巧妙包装，使产品在内容和形式上都具有独到的创意元素和价值元素，能够最大限度地满足消费者的多层次需求，让消费者真正觉得物有所值甚至物超所值。

整合促销的最终落脚点是市场，要通过促销方式的创新，最大限度地扩大产品的知名度、影响力，进而提高产品的市场占有率。例如，通过举办各种公益活动吸引媒体注意力，开展互动性强的社区活动来吸引受众参与，在各种媒体终端同时进行全方位推介等，既强调产品品牌特点，也突出创意策划新意。

例如，咪咕公司的咪咕视讯是一个面向互联网用户推出的高品质综合类视频客户端业务，提供海量短视频，高质量影视、综艺、直播等内容，同时也为付费用户提供会员服务。面对视频业务激烈的市场竞争，咪咕公司一反互联网企业追求高端、奢华、科技感的促销策略，运用整合促销的方法去农村市场开辟销售天地。

咪咕公司为农村市场制作了墙体广告（见图 10—1）、线上宣传广告（见图

图 10—1　咪咕公司墙体广告

10—2)、动画广告（见图 10—3），还由知名自媒体达人根据咪咕公司的墙体广告制作了一档改编版《乡村爱情故事》，将电视剧中的情节对话巧妙地剪辑配音，利用农村观众喜闻乐见的影视剧推广咪咕视讯，形成一波病毒传播（见图 10—4），起到了非常好的促销作用。

图 10—2　咪咕公司线上宣传广告

图 10—3　咪咕公司在其他网络媒体发布的动画广告

咪咕公司利用一大波反常理的刷墙广告占领了农村墙面，以视频、微博的病毒传播引发社交媒体分享，进而反攻互联网，从“刷墙”演变为“刷屏”，以极小的成本实现了新品牌进入市场的引爆。这种线上+线下、低投入、高产出、话题性、刷屏等整合促销手段的运用，体现了网络时代整合促销策划的创意。

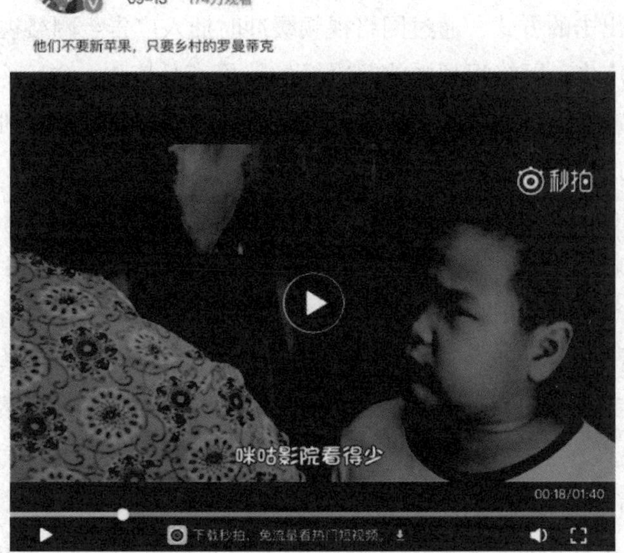

图 10—4 咪咕视频的“乡村爱情故事”

4. 传播整合促销信息

在选择了整合促销的具体方式后，需将这些方式整合在一起，然后有效地传播出去，这也是整合促销流程中的重点。企业要以本质上一致的信息作为支撑点进行传播，凡是能够将企业品牌、产品类别和任何与市场相关的信息传递给消费者或潜在消费者的过程与经验，均可以利用传播媒介加以整合，进行传播推广。

例如，中国电子商务 B2C（企业对消费者的电子商务模式）的引领者——天猫，自 2011 年从淘宝网分拆独立后，就凭借整合促销手段，奠定了强大的品牌销售力和影响力。通过事件营销、电视广告、网络广告、赞助活动、节假日折扣、积分促销、微博促销等方式，相互促进、相辅相成，形成强势的营销力量。

（1）举办天猫年度盛典

2012 年 3 月 29 日，天猫第一次举办了年度盛典。在庆典现场，天猫公布了全新的公司品牌标识和形象，联合奔驰、宝洁、三星等数百个知名品牌，采用全新的 AR（增强现实）互动技术，使从眼镜、衣服到手表、数码产品的所有商品都可以被模拟试戴、试穿和试用，让在场的嘉宾过了一把未来网络购物的瘾。本次庆典活动塑造了天猫鲜明的品牌形象，提高了品牌影响力。

（2）电视广告

天猫请来众多影视明星助阵，以“11·11 购物狂欢节，上天猫，就购了”为广告主题，利用明星效应对广告受众进行“狂轰滥炸”，形成强大的舆论浪潮，提升“11·11”的销售额。

（3）网络广告

天猫采用密集出击的方式，通过网络视频缓冲时插入广告、网络视频暂停时出现在播放框中的商品展示广告、网络视频播放器边缘的特价商品广告、QQ 等聊天工具的弹窗广告等，把促销活动宣传推广遍布几乎所有的网络活动中，对消费者起到提醒和刺激作用。

（4）赞助活动

天猫赞助了湖南卫视金鹰独播剧场，一是看重湖南卫视的品牌效应，二是利用其高收视率扩大传播范围，同时，这些时段的核心受众是家庭主妇以及追逐偶像剧的白领和青少年等，这些人是网购的主力军，即天猫的目标客户。

（5）节假日折扣

在春节等各种节假日期间，天猫运用折扣促销手段吸引大量消费者涌入天猫商城，刺激交易额的提升。

（6）积分促销

天猫会员可以享受诸如积累积分，积分购买特定商品可以抵部分现金、退货保障、生日礼包等促销优惠。

（7）微博促销

天猫一方面通过官方微博提供商城相关的新闻资讯、商品和服务信息、品牌文化，构建商城的品牌价值，另一方面实时跟进促销活动进展情况，方便品牌爱好者获取有关商品折扣、优惠活动、抽奖活动等信息。同时，也会发布一些生活常识、名人名言、幽默笑话等，以用户容易接受的方式，拉近与消费者之间的距离，达到良好的促销效果。

5. 评价整合促销活动效果

整合促销活动效果评价涉及多项指标，不同执行时间的方案，会有不同的效果数据要求。在评价时，需要梳理促销活动中涉及的促销方式，把所有方式实现的效果综合起来制定效果评价体系。例如，一家侧重于新媒体促销的企业，评价体系就可以包括搜索指标、网络传播量、互动表现、网上销售额，以及整体品牌知名度提升率等（如百度指数的变化和媒体提及率）。

三、整合促销技巧

1. 无须全盘否定原有促销策略

整合促销是对企业之前促销策略的丰富和优化，并不是全盘否定，其目的是运用和协调各种不同的传播手段，使其发挥出最佳、最集中统一的作用，最终实现在企业与消费者之间建立长期的、双向的友好关系。

2. 注意对企业内外部资源的整合

整合既包括促销过程中对企业的促销方式以及促销管理等方面的整合，也包括对企业内外部商流、物流及信息流的整合。在进行整合促销时，企业应注意整合内外部资源，保证各种资源间的相互配合，以此来减少不必要的消耗。

3. 时刻关注消费者反应

与传统促销方式不同的是，整合促销更注重企业与消费者群体的互动，而不仅仅是单纯的施与受的关系。这就意味着在迅速传播信息的整合促销过程中，企业要时刻关注消费者的反应，一旦发现消费者有不良反应，就要及时优化或改变促销方式，消除隐患。

四、整合促销案例

1. 零售企业整合促销案例

零售企业是直接向最终消费者提供商品服务，设有商品营业场所、柜台并且不自产商品的企业，包括直接从事综合商品销售的百货商场、超级市场、零售商店等。

零售企业促销是所有企业促销活动中最丰富多彩、最复杂多变的，也是现代营销研究的一个重点。零售企业整合促销，具有信息资源广泛、传播速度快等特点，但如果信息没有得到有效的关注也会出现传播不畅、推广不到位等问题。

在电子商务的冲击下，许多传统零售企业的业务都在萎缩。面对这种情况，零售企业为了吸引消费者进店消费，突显传统零售企业的优势——优越的环境和亲身的交流体验，就要在促销方式的选择整合上多下功夫，让消费者感受到实实在在的优惠。华亿国际一年一度的“大抢节”促销活动就是通过整合促销打造零售企业火爆销售场面的一个极佳案例。华亿国际“大抢节”宣传海报如图 10—5 所示。

图 10—5　华亿国际“大抢节”

至 2015 年，华亿国际“大抢节”已举办四届，为期十天十夜的购物盛宴为华亿国际带来了数以亿计的销售额，入场客流单日最高达到八万人次。在“大抢节”前，华亿国际通过街头派发、入户投递、商场内派送等方式向当地市民宣传促销活动，吸引消费者参与抢购。在“大抢节”期间，华亿国际利用满减折扣促销、微信促销、微博促销等吸引消费者多购物、多消费，形成抢购风潮。“大抢节”的具体促销活动方式分别如图 10—6 至图 10—10 所示。

图 10—6 满减折扣促销

图 10—7 支付工具折扣促销

图 10—8 满赠优惠券促销

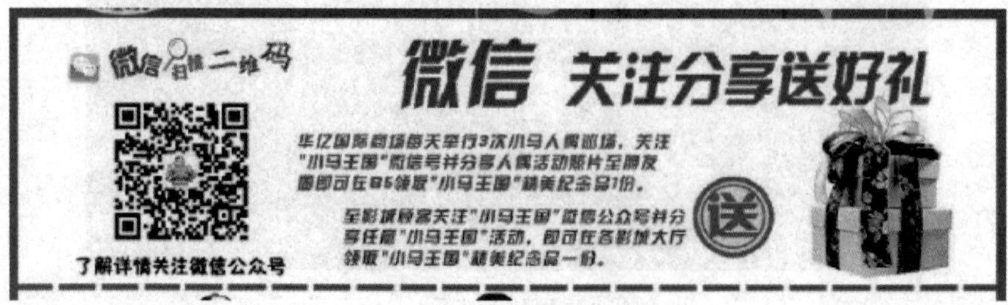

图 10—9 微信促销

华亿国际

2016-8-16 09:25 来自 微博 weibo.com

精心准备，十天十夜！华亿国际第五届大抢节本周五开启！这个八月大抢节有哪些值得你期待？请听小编为你一一道来！

图 10—10　微博促销

除了多种线上、线下促销方式结合之外，华亿国际的“大抢节”还设置限时抢购环节，即在非正常营业时间，但却是网购高峰时间段（如 23：30—24：00）开放商场购物，引发消费者的新奇感，给消费者带来独有的购物体验。限时抢购环节宣传海报（赠品促销活动）如图 10—11 所示。同时，采用异业联盟的策略，即吸引不同行业的企业参与到促销活动中来，如汽车企业、餐饮企业、通信企业、美容企业、酒店企业等，给消费者提供更多的促销商品和服务。

图 10—11　限时抢购环节宣传海报

2. 酒店整合促销案例

珠海横琴长隆国际海洋度假区由广东长隆集团投资兴建，地处横琴新区，是一家超大型综合主题旅游度假区。在互联网自媒体时代下，珠海横琴长隆运用一系列的整合促销手段，对度假区内全球首家企鹅主题酒店——企鹅酒店进行了宣传。

（1）促销活动之一：自媒体联盟体验活动

以“2015 做梦都想做的工作”为主题，将企鹅酒店的体验类型分为住宿、餐饮、服务、风格、综合五个方面，有针对性地招募自媒体达人，方便自媒体根据自身优势选择体验方向，提高自媒体参与度，同时达到全方位推广企鹅酒店的目的。

1）线上招募。酒店制作了一系列招募海报（见图 10—12），在微信、微博发布招募信息。海报设计紧紧围绕酒店特色，以免费体验活动为宣传点，吸引大众眼球，引起了大量转发。

图 10—12 招募海报

为了区别于以往的招募活动，本次活动将招募对象分门别类，并给予对应的称号。一是为了全方位、全角度体现企鹅酒店的特色。二是充分激发自媒体的创造力和荣誉感。将专门制作的邀请函和证书，发到对应的自媒体达人手中，体现品牌对细节的重视，增加自媒体对品牌的好感度和对活动的重视程度，并为与优质自媒体的后续合作打下基础。

2）线下体验。邀请招募到的自媒体达人，亲身体验企鹅酒店吃住玩一系列的产品。酒店派专人到体验现场取材制作成视频，并于次日在微信公众平台发布，吸引消费者关注。而招募到的自媒体达人按约定在体验后将自己的感受以文字、摄影、插画等形式，利用自媒体账号进行推广。

3）活动评价。19 位自媒体达人撰写了 24 篇体验稿，分别在微信公众平台、新浪微博、博客、QQ 空间等平台发布，总阅读量超过 10 万，线上宣传效果较好。

（2）促销活动之二：珍稀企鹅进驻企鹅馆

对于企鹅酒店来说，位于帝企鹅自助餐厅的企鹅馆竣工并迎来珍稀企鹅的进驻，是非常重要且具有意义的。对于广大媒体来说，这一事件也具有较高的新闻价值，毕竟在酒店内可以观赏企鹅，在我国甚至全球都是非常罕见的。因此，为了增加事件的曝光率，酒店策划了一次新闻发布会。

1）确定新闻发布会流程，具体流程见表 10—1。

表 10—1　　新闻发布会流程

时间安排	内容安排
11：00—11：30	各媒体代表在帝企鹅自助餐厅签到，主持人宣布活动开始
11：30—11：35	企鹅酒店总经理致辞
11：35—11：55	主持人公布 5 月 1 日当天入住企鹅酒店的第一组幸运家庭，并请幸运家庭饲喂企鹅
11：55—12：10	企鹅酒店总经理接受媒体采访
13：00	主持人宣布活动结束

2）确定邀请媒体名单，包括珠海电视台、《新快报》《信息时报》《南方日报》《广州日报》《珠海特区报》等，还有中新网、新浪、网易、21cn、珠海视窗、香港商报网等网络媒体，请这些媒体同时撰写新闻稿通稿。

3）活动后收集各媒体报道，《新快报》《信息时报》《南方日报》《广州日报》均对企鹅入驻企鹅酒店进行了相关报道，呈现效果较好。《珠海特区报》也在其头版上刊登了相关报道，收到了较好的宣传效果。珠海电视台的《新闻 121》《民生最前线》栏目都对该活动进行了详细报道，报道内容丰富，突出了客户观赏企鹅时获得的快乐。中新网、新浪、网易、21cn、珠海视窗、香港商报网等网络媒体均有相关报道，报道传播范围较广，达到了预期的宣传效果。

（3）促销活动之三：企鹅动雕剧场盛大开幕活动

企鹅酒店另一新项目——企鹅动雕剧场在 2015 年 7 月顺利竣工，开业时刚好暑期旺季开始，对于酒店，非常需要借此做一番宣传。但实际上，企鹅动雕剧场面积较小，仅能容纳几十名儿童同时观看，且企鹅活动雕塑在全国虽不多，但因为是电子雕塑，新闻性不够，相反商业气息较浓，单纯作为新闻事件推广显然不合适。因此，为了做好这个活动宣传，为暑期市场造势，酒店借活动雕塑这一事件，以酒店亲子主题作为宣传重点，提前利用自有宣传平台（微信、微博、官网等）发布活动信息及招募参与对象，活动当天同时也邀请本地及周边一些媒体前来报道。

1）线上招募。线上发布活动招募信息，想参与活动的品牌爱好者需向平台发送亲子照，并说一句最想对自己孩子说的话，留下联系方式。由酒店评选 10 个家庭参与活动。

2）确定活动流程，具体流程见表 10—2。

3）制定活动执行表，准备活动物料，布置现场，撰写新闻通稿等。在现场布置方面，巧妙地融合展示酒店亲子设施，如亲子拖鞋、洗漱套装、科普小册子等，加强酒店亲子主题的表现。

表 10—2　　活动流程

活动时间	活动内容
11：00—11：30	媒体记者报到
11：30	主持人宣布活动开始，介绍活动嘉宾
11：35	企鹅酒店总经理致辞
11：40	儿童代表上台，为动雕剧场启幕剪彩
11：45	与会人员一同观看剧场首映
12：10	企鹅酒店总经理接受媒体采访
12：15	活动结束，自助午餐开始，重点介绍儿童岛产品

4）各家被邀请的媒体均对动雕剧场的开幕活动进行了相关报道，收到了较好的宣传效果。

3. 餐饮企业整合促销

餐饮企业是指集即时加工制作、商业销售和服务性劳动于一体，向消费者专门提供各种酒水、食品以及消费场所和设施的食品生产经营企业。在网络时代，随着市场环境发生的巨大变化，随之而来的传统促销手段已经不能满足餐饮企业的营销需求，餐饮行业必须在有效运用传统促销手段的同时，积极采用精准和有效的网络促销工具，将线上与线下渠道结合，通过活动设计、精准投放等来达到餐饮企业的促销目的，下面以必胜客的整合促销活动为例进行讲解。

（1）整合促销方案 1——优惠券促销

多种优惠券形式同时使用：吃牛排送优惠券；到必胜客店内点任意新品，可送价值 28 元的抹茶雪域蛋糕；每桌客人同时办理 3 张会员卡，可送烤翅优惠券；使用必胜客榴莲多多比萨优惠券点指定比萨，立减 10 元。

（2）整合促销方案 2——折扣促销

消费者出示学生证后，可使用学生打折卡消费，享受 8 折优惠；消费者持有必胜客电子折扣贵宾卡消费，享受 85 折优惠。

（3）整合促销方案 3——积分促销

1）积分兑换现金抵用券。广发银行信用卡：600 积分兑换 1 元抵用券，19 800 积分兑换 30 元抵用券，33 000 积分兑换 50 元抵用券；建设银行信用卡：16 500 积分兑换 30 元抵用券。

2）积分兑换食品优惠券。使用手机发送产品编码短信进行短信兑换，或在万里通网站兑换，或持指定平安银行卡或万里通卡现场刷积分兑换。

（4）整合促销方案 4——赠品促销

在指定日期内，消费者凭学生证等有效证件购买限量必胜客之神雕侠侣“包过”套餐（59 元一份），将有机会获得惊喜礼物一份（赠送“包过”考试符一份）。

（5）整合促销方案 6——微信促销

在必胜客餐厅用餐时，消费者可打开微信的摇一摇功能，看到“周边”就可以摇出惊喜。摇一摇的惊喜有微信电影票红包（随机发放 10 元、15 元或 20 元）、必胜客优惠券、免费微信电影选座券。

（6）整合促销方案 6——团购网站促销

登录美团网，根据团购商品的数量、团购的人数、团购商品的总价格赠送不同面值的优惠券（有时间限制）；对于选购特定团购商品的用户附赠礼品；团购用户可购买售价为 180 元的必胜客代金券 1 张（价值 200 元），全场通用，且可叠加使用。

实训活动

【实训 1】

4~6 人为一组，利用报纸、杂志或网络搜集几家酒店或餐饮企业的整合促销活动实例，以小组为单位，讨论这些促销活动的活动方案、销售方式、活动效果等内容，比较哪一种方案更具优势和吸引力，完成表 10—3 的填写。

表 10—3　整合促销活动评价

方案内容	评价	优缺点总结
活动方案		
销售方式		
活动效果		
……		

【实训 2】

珠海长隆旗下的马戏酒店毗邻现有的国际马戏城，酒店以典型欧洲小镇为蓝本，打造出具有异国风情的特色酒店。酒店拥有 700 间马戏主题客房及两大特色主题餐厅，还有水岸式休闲娱乐商业街区及特色礼品荟。现酒店正针对即将到来的春节假期设计促销活动方案，假定你是该酒店的市场部经理，请按要求完成以下工作。

1. 针对酒店外部竞争对手做市场调研和分析，确定本次促销的目的。
2. 采用线上线下促销手段相结合的方式，制作一份整合促销活动方案。